거울 속의 물고기

유식으로 철학하기

거울 속의
물고기

유식으로 철학하기

백진순 지음

거울 속 물고기가 이끄는 유식의 세계

나는 주로 옛 불교 문헌들이 꽂혀 있는 방 안에서 많은 시간을 보낸다. 이런 곳에서도 가끔 잔잔한 동요가 일어난다. 옛 주석서의 오래된 문장이 문득 나를 멈춰 세우곤 하기 때문이다. 그때마다 냉정한 논리의 틈 사이로 뭐라 말하기 힘든 형상이 잠깐씩 떠오르다가 곧 사라졌다. 그것들이 내게 무슨 말을 걸어왔다면 아마도 친근하고 흥미로운 이야기였을 것이라고 혼자서 상상했다.

그러다 어느 날 나는 홀연히 학문의 울타리를 벗어나 자유로운 사유의 숲을 걷기 시작했다. 그 여정은 2년간 지속되었다. 이 책은 그 숲에서 본 서른아홉 마리의 물고기들에 관한 기록이다.

사실, 나는 오래전에 읽은 보르헤스의 『상상 동물 이야기』라는 책에서 처음으로 그 신비한 물고기를 알게 되었다. 이것은 중국의 고대 전설에서 유래한 상상 속 동물이다. 그 전설에 따르면, 황제(黃帝, 중국 문명의 시조로 여겨지는 신화적 인물) 시대에 거울은 다른 세계로 통하는 문이었다. 어느 날 저녁, 거울 속 사람들이 인간 세계로 쳐들어와 치열한 전투를 벌였다. 그러자 황제가 그들을 몰아내어 마법으로 거울 속에 봉인하였다. 그 이후로 거울은 단지 인간과 사물의 형상을 흉내 내는 도구로 전락하였다. 그런데 흥미롭게도 18세기까지 중국의 광둥 지역에서는 거울 속 깊은 곳에서 움직이는 빛나는 물고기를 보았다는 목격담이 전해졌다고 한다.

마법의 봉인이 풀리면 거울 속 깊은 곳에 잠자던 물고기가 깨어난다. 그리고 은빛 표면 위로 서서히 자기의 선과 색채를 드러낸다.

나는 이 신비한 전설 속 형상 하나가 우리의 여정을 이끌어주리라고 믿는다. 이 시각적 형상이 항상 나를 유식(唯識)의 이치가 계시되고 있는 전율의 순간에 머물게 해주었듯이 말이다.

저 신비한 거울은 우리의 마음이다. 거울의 표면 위로 모습을 드러낸 물고기는 우리 마음이 그려낸 환영이다. 마치 거울 속의 물고기처럼, 때가 되면 우리의 마음에 온갖 환영이 나타나게 될 것이다.

만약 이 책의 여정을 함께하다가 잠시 길을 잃거나 너무 멀리 나갔다면, 이 거울 속의 물고기가 곧장 우리를 유식의 세계로 데려올 것이다. 이 책은 어떤 교설이나 진리를 설파하려는 의도로 쓰인 것이 아니다. 오히려 우리를 멈춰 세우는 저 반짝이는 형상들과 함께 사유하고, 흔들리고, 의심하고, 꿈꾸기를 바란다. 그것이 유식으로 철학하는 데 도움이 될 것이다.

이 책은 2023년부터 2년간 〈법보신문〉에 연재한 에세이를 묶은 것이다. 이 책을 완성하고 보완하기 위해 빼거나 새로 쓴 글도 있고, 어떤 원고는 상당히 많은 내용을 수정하였다. 전반부에서는 유식 문헌의 이곳저곳을 오가며 독자들에게 친근하게 다가갈 만한 소재를 다루었다. 독자들도 큰 어려움 없이 읽을 수 있을 것이다. 그러나 후반부는 유식의 학설을 다루면서 내용이 다소 어려워졌다. 언어·인식·자아 등과 연관된 전문 용어가 하나씩 늘어감에 따라 나의 마음도 그만큼 더 무거워졌다. 독자들에게 번뇌를 하나씩 안겨주는 것 같았기 때문이다.

차례를 보면 알겠지만, 이 책은 '위대한 성자의 꿈(1장)'에서 시작해서 '잠에 대한 예찬(3장)'으로 끝이 난다. 꿈에서 시작해서 잠(꿈꾸는 상태)으로 끝났으니, 나름 유종의 미가 느껴진다. 유식의 학설에 따르면, 모든 말은 본래 은유적 표현이다. 이 책의 시작과 끝이 '꿈'의 메타포였듯, 그 사이를 잇는 모든 말들 역시 꿈과 같고 환영과 같은 메타포일 뿐이다. 그러니까 이 책은 세계의 실상으로부터 끊임없이 미끄러지면서도 그것을 향해 손짓한 것에 지나지 않는다. 만약 이 책을 읽다가 어떤 문구 하나가 독자의 마음을 흔들었다면, 그것만으로 나는 충분히 만족할 것이다.

아무런 준비 없이 갑자기 떠난 여정이 잘 마무리되도록 도움을 준 분들이 있다. 〈법보신문〉의 이재형 대표는 유식 에세이의 연재를 제안하고 중간에 포기하지 않도록 격려해주었다. 불교학술원 박인석 교수는 초고부터 수정본까지 맨 먼저 읽고 조언해주었다. 마지막으로 모과나무출판사 손소전 편집자의 손을 거치면서 각 에세이가 마치 독립된 사유의 세계처럼 보이게 되었다. 만약 오래된 우물에서 길어 올린 물이 청량하고 마실 만했다면, 그것은 이분들의 도움이 있었기 때문이다.

2025년 9월

백진순

2장 환상의 세계에 사는 환술사

3장 마음을 따라다니는 것들

1장

위대한 성자의 꿈

위대한 성자의 꿈

나는 대학에서 불교의 옛 주석서를 번역하고 그에 관한 논문을 쓰는 일을 주업으로 삼고 있지만, 오래전부터 학문의 제약에서 벗어나 조금 자유로운 형식의 글을 쓰고 싶었다. 그런 열망은 옛 문헌을 읽으면서 자연스럽게 생겨났다. 세상의 흥망성쇠에 냉담한 듯한 옛 주석가의 지루한 장서(長書) 안에는, 내가 하던 일을 멈추고 이상한 상상 속으로 빠져들게 하는 비밀스런 형상들이 곳곳에 흩어져 있었다. 꿈속에서 본 것처럼 어지럽고 무질서한 그 형상들이 어쩌면 우리의 힘겨운 삶에 깃든 어떤 비밀을 알려줄지도 모른다는 생각을 자주 했던 것 같다. 또 그때마다 '한가해지면 그 기억들을 되살려 글을 써봐야겠다'라는 희망도 함께 자라났다. 별것 아닌 것을 핑계로 계속 그 일을 미루다가 이제야 그 행동을 옮겨볼까 한다.

이제부터 나는 자유로운 몽상가가 되어 이곳에서 저곳으로 넘나들 것이다. 그러나 소가 풀을 뜯으러 멀리 돌아다닌다 한들 그 울타리를 벗어나지 않는 것처럼, 지금까지 내가 주로 읽었던 문헌들이 나의 상상을 제약할 것이다. '유식(唯識, 모든 것은 오직 식이 현현한 것)'의 교리를 선양한 책들 말이다.

먼 옛날 그 책들을 읽고 또 읽은 주석가들은 '식(識)'이라는 말을 '꿈'의 동의어라고 생각하였고, 우리가 동물원에서 직접 목격한 호랑이가 지난밤 꿈속에서 본 호랑이보다 더 진실한 것은 아님을 일깨워준다. 그런데 거슬러 올라가면 이런 교리는 한 위대한 성자의 경이로운 꿈에서 비롯된 것이니, 이 책의 시작을 그 꿈 이야기로 열고 싶다. 그 꿈은 다음과 같다.

우리가 석가모니라고 부르는 한 성자가 몇 년 며칠인지 알수 없는 어느 때 지극히 고요하고 밝은 마음으로 정토(淨土)를 꿈꾸었다. 그러자 그의 눈앞에는 곧장 어떤 예술가가 상상했던 것보다 더 아름답고 오묘한 빛깔과 모양들로 장식된 정토의 대궁전이 생생하게 현전했다. 그는 자기 꿈속의 정토를 그저 관조하는 것이 아니라 직접 몸을 드러내어 대궁전의 주인으로서 높은 법좌에 앉았다. 그 궁전에는 인간의 모습을 한 수많은 대중들, 또 '인간인 듯 인간 아닌[人非人]' 모습을 한 기묘한 무리들이 그의 말씀을 듣기 위해 주변을 에워싸고 있었다. 그들 중에는 오직 말로만 전해지는 전설 속의 존재들, 가령 왕 중의 왕임을 상징하는 서른두 가지 상호(相好)를 빠짐없이 갖춘 전륜왕, 하늘과 땅과 바다를 지탱하는 용들, 수많은 어린 용을 닥치는 대로 잡아먹고 산다는 찬란한 황금빛 날개를 가진 새, 한가하게 음악을 연주하며 음식 냄새만 찾아다니는 건달바 등도 제 형상을 완전하게 드러냈다. 이처럼 성자의 불가사의한 정신력으로 화작(化作)해낸 변화중(變化衆) 이외에도, 자신의 도력으로 성자의 꿈속에 들어와 몸을 나타낸 실재의 보살중(菩薩衆)도 있었다. 그 정토의 주인은 세심한 자비심을 가지고 대중들에게 세상의 모든 이름들과 그 의미를 자세하게 설명해주었고, 날카로운 비유법으로 그 모든 것들의 본성이 '유식'임을 이해시켰다.

이 꿈의 일화는『해심밀경(解深密經)』「서품」을 짧게 각색한 것으로, 이 경전에서 유식의 교리를 처음으로 설하였다고 전해진다. 중국 당나라의 승려인 현장(玄奘, 602~664) 스님이 새로 번역한 판본에는 부처님이 정토에서 이 경을 설한 것으로 묘사되어 있는데, 요약하면 다음과 같다.

한때 박가범(세존을 뜻함. 석가모니불의 다른 이름)께서는 깊은 선정의 마음으로 현현해낸 정토의 대궁전에 머무시면서, 자력 혹은 타력으로 이곳에 몸을 나타낸 보살중과 성문중과 팔부대중 등을 위해 이 경을 설하셨다.

세상 사람들 중에는 이 경이로운 정토의 일화를 전해 들으면 앞뒤 따지지 않고 믿으려는 충동에 사로잡히는 이들이 많았다. 그러나 주석가의 중요한 임무 중 하나는 그런 충동적 믿음을 냉정하게 점검하는 것이다. 원측(圓測, 613~696, 신라 문무왕 때의 승려이지만 평생 중국에서 활동)의 주석서『해심밀경소(解深密經疏)』에는 이런 문구가 있다.

이미 산실된 어떤 이역본에는 "석가모니께서 기사굴산(영취산)에서 이 경을 설하셨다"라고 되어 있다.

나의 경우, 이 주석 문구가 잠시나마 나의 열정에 찬물을 끼얹었다. 나의 몽상은 정토의 궁전에서 예토(穢土, 범부들이 거주하는 오염된 땅으로, 사바세계를 칭함)의 기사굴산으로 옮겨왔다. 부처님이 예토에서 설한 모든 교설은 스승 곁에서 직접 보고 들은 제자 아난이 암송하여 후대에 전해졌다고 한다. 불멸 후 제자들이 결집했을 때, 아난이 "이와 같이 나는 들었다.

한때 부처님께서 왕사성 기사굴산에 머무시면서…"라는 식으로 암송하면, 다른 비구들이 틀린 곳은 없는지 확인하는 절차를 거쳐서 경전으로 만들었다. 그러니까 저 이역본의 경문대로라면, 아난과 다른 비구들이 목격한 것은 예토의 기사굴산에 머문 석가모니이지, 정토의 대궁전에 머문 박가범은 아니었을 것이다. 그렇다면 저 정토의 일화는 혹시 후대의 대승불교도들이 지어낸 수사학적 환영에 불과한 것은 아닐까.

만약 여러분이 자기 삶 안에 병들지 않는 기쁨과 열정이 조금이라도 남아 있길 바란다면, 모든 것을 오직 이성의 판단에만 맡길 것이 아니라 또 다른 노력이 필요하다. 원측의 주석서를 살펴보면 옛 불교도들에게서 그런 모습을 엿볼 수 있다. 그들 중엔 재미있지만 다소 억지스러운 추측을 하는 사람도 있었다. 가령 어떤 이는 옛 문헌을 뒤져 '아난'이라 불리는 세 명의 동명이인을 찾아내서 그 셋 가운데 대승의 아난이 저 정토의 일화를 전했을 것이라고 추정한다. 또 그 주석서에는 교리적 외피를 두른 그럴듯한 해석들도 많이 열거되어 있다. 그 중 기억에 남는 것이 있는데, 어떤 이가 '범부의 눈에는 기사굴산에서 설법하는 것처럼 보일 수도 있다'라는 아리송한 해석을 내놓았다. 그것이 나의 상상을 자극하였다. 아마도 그 말의 의미는 이런 것이리라.

석가모니의 위대한 꿈은 두 개의 대칭적인 세계로 나타

난다. 말하자면 깊은 선정에 든 부처님과 높은 도력을 지닌 보살들이 서로 감응하는 정토라는 정신적 세계, 그리고 제자 아난과 그 밖의 대중들이 함께 목격한 기사굴산이라는 역사적 공간. 만약 정신이 온전할 때 사물이 똑바로 인식된다는 점에 동의한다면, 우리가 보고 들은 것이 진짜인지 가짜인지는 그의 정신이 얼마나 맑고 밝은지에 달려 있다는 것도 인정할 것이다. 그렇다면 정토는 비현실적인 것 같지만 실재에 더 가깝고, 기사굴산은 현실적인 것 같지만 허구에 더 가깝다고 볼 수도 있겠다. 두 부류의 대중은 똑같이 어떤 존재의 얼굴을 보고 음성을 들었지만, 각기 보고 들은 것이 다르고 각자의 이해와 행위의 깊이도 달라질 수 있는 것이다.

나는 한때 시간이 그 두 세계의 간극을 메워주리라고 생각했다. 그러나 중생계가 끝없이 이어지는 한 그런 대칭은 쉽게 사라지지 않을 것이다. 오히려 저 위대한 성자의 꿈은 또 다른 대칭적 꿈들을 무수하게 변주해낼지도 모른다. 그것은 한때 옛 이역본과 함께 사라져버린 아난의 꿈이었고, 지금은 더욱 어지럽게 변형된 우리 범부들의 꿈이기도 하다.

저 경이로운 정토를 장엄하는 찬란하고 오묘한 빛깔과 모양, 가슴을 울리는 잔잔한 소리 등에 비하면, 우리의 꿈을 이루는 형상과 질료들은 얼마나 불완전하고 조잡한가. 그렇다 해도 나는 이렇게 생각하기로 하였다. 우리의 꿈은 저 경이로운 꿈의 또 다른 부록들이고, 미래가 다하도록 중생들은 각자의 꿈속에서 그중 한 페이지를 쓰고 있는 것이라고. 그리고 이 책도 그런 꿈에서부터 시작했으므로 그 끝도 필시 꿈과 같을 것이리라. 누군가 이 책을 읽고 "나도 그런 꿈을 꾼 적이 있는데" 하고 동조한다면, 그것만으로도 나는 만족할 것 같다.

경전 주석의
비밀스런 속성에 대하여

나는 우연한 계기로 원측 스님의 『해심밀경소』를 번역하기 시작하여 2022년에 그 역주서의 마지막 권을 출간하였다. 스님은 신라 출신 유식학자로 알려졌지만 생의 대부분을 중국 땅에서 보냈다. 그의 책은 분명 위대한 고전이다. 하지만 한국 땅에서 그 이름을 알고 있는 사람이 많은 것도 아니고, 대단한 인기와 명성을 누린 것도 아니다. 『해심밀경소』는 『해심밀경』에 대한 백과사전적 주석서로, 사람들이 다 읽어볼 마음을 내지 못할 정도로 방대한 분량으로 되어 있다.

내가 철학을 전공하던 대학원생 신분이었을 때만 해도 이런 지루한 주석서의 번역과 원문 교감으로 세월을 보내리라곤 상상조차 해본 적이 없다. 심지어는 그것을 아주 경멸해야 할 일처럼 여겼다. 우리의 인생이 생사의 이치를 알기에도 너무 짧다고 생각했기 때문이다. 그러나 나 자신도 미처 다 알아차리지 못한 수많은 이유로 그 책의 역주에 매달리다가 어느새 근 이십 년을 보냈다. 언젠가 이 작업이 끝나면, 내가 어떻게 그 긴 시간을 지나왔는지 솔직한 소감을 밝히고 싶었다.

사실, 나는 예전부터 자주 이런 생각을 했다. '저 주석서들에 빽빽하게 채워진 알아들을 수 없는 문구와 기호들은 모두 이 세계 위에 덧없이 추가된 부수적인 것들이다. 참으로 존재하는 것은 그와는 다른 어떤 것이리라. 그렇다면 저 주석가와 나의 이러한 노고에는 대체 무슨 의미가 있는 것일까.'

물론 옛 문헌들에 그에 대한 대답이 전혀 없는 것은 아니다. 경전마다 '이 경을 수지하고 독송하며 또 남에게 해설하는 자의 공덕은 무량하고 불가사의하다'라고 찬탄하지 않는가. 그러나 그 공덕의 불가사의함은 오직 부처님만이 아시는 것이기에, 나 같은 범부는 믿을 순 있어도 체감하긴 힘들다. 오히려 내게는 음성 언어의 위대함을 기억하는 고대인들의 어떤 경구가 더 가슴에 와닿는다.

입에서 나온 말에는 날개가 있지만
글로 쓰인 말은 그대로 있다.

부처님은 한 글자도 쓰지 않고 오직 제자들과 직접 말로써 대화하였다. 단지 한마디 음성만 듣고도 그 자리에서 깨치고 환희한 이들도 많았을 것이다. 그러나 책장에 꽂혀 있는 경전이나 주석서들은 내가 물어본다 해도 대답하지 않고 가만히 있을 뿐이다.

　　이런 생각이 들 때면, 나는 불경스럽게도 '양 떼들의 죽음'을 떠올리곤 한다. 언젠가 신문 한구석에서 이런 기사를 본 적이 있다. '터키의 동부 산악 지대에서 천오백여 마리의 양 떼들이 갑자기 줄지어 달려서 모두 절벽 아래로 뛰어내렸다.' 그 기사가 내 머리에서 잊히질 않았다. 그때 나는 양들이 떼 지어 있으면 서로 애정이 생겨 그 우두머리를 뒤쫓는 습성이 있다는 사실을 처음 알았다.

　　양 떼들의 집단적 죽음은 마치 나의 운명에 대한 잔인한 비유처럼 느껴졌다. 그러니까 1400여 년 전에 원측이라는 승려가 옛 경론을 주석하는 데 일생을 바쳤고, 현재 나는 다시 그의 주석서들 가운데 하나를 역주하는 데만 20여 년을 보냈으며, 어쩌면 오랜 세월이 지나 누군가 도서관 한구석에 꽂혀 있던 내 역주서의 오류를 바로잡느라 또 많은 시간을 소비할지도 모른다는 점에서 말이다. 우리 사이의 시간적 거리는 이 우주가 이루어지고 무너지기를 반복하는 무수한 겁 안에서는 저 양들이 서로를 뒤쫓아 가는 시차만큼이나 짧은 것이다. 나는 원측 스님이 성전의 주석에 일생을 바친 데는 다 이유가 있을 것이라고 막연하게 믿었다. 양 떼들의 죽음과 같은 것은 평생 열의와 신념을 갖고 어떤 한 가지 일에 매진한 사람들이 진정 피하고 싶은 최악의 결말이지만, 그것이 정말 나와는 무관한 일이라고 어떻게 확신할 수 있겠는가.

그러나 내가 마음속에서 그런 두려움과 혼란만 키워왔던 것은 아니다. 나는 옛 문헌을 번역하느라 보낸 시간보다 더 많은 시간을 한가한 몽상가로 살았다. 아무것도 하지 않고 멍하니 있을 때 두서없는 여러 관념들이 나의 머리를 스치고 지나갔다. 대개 잠시 떠올랐다 기억의 저편으로 사라졌지만, 어떤 것은 내가 이번 생의 힘겨운 소임을 마칠 수 있도록 주술적 힘을 발휘했던 것도 있다. 만약 내가 너무 지루해진 나머지 머리가 이상해진 것이 아니라면, 이와 비슷한 생각을 한 사람이 지구상에 몇 명은 더 있지 않을까 싶다. 그것은 이런 것이다.

어느 날 나의 의식이 이런 식으로 흘러갔다. '나는 책상 하나만 놓인 적막한 방에서 미동도 않고 앉아서 소리 없이 책을 읽는 원측 스님의 모습을 상상해본다. 그는 음성 언어를 건너뛰고 문자 언어를 통해 곧바로 직관의 세계로 들어간다. 그리고 다른 누군가도 그가 배웠던 원리와 방법에 따라 사유한다면 아마도 동일한 결론에 이르게 될 그런 문제들에 대해 깊이 사색한다. 이런 식으로 주석서의 집필을 마치고 붓을 놓고

자리에서 일어난다.'

　나로 말할 것 같으면, 이어폰으로 바깥 소음을 차단한 채 컴퓨터 앞에 앉아 그 책의 난해한 문장을 이해하느라 많은 시간을 보냈다. 나의 작은 미덕이라면, 모든 문제의 핵심에 바로 접근하여 공정하고 심도 있게 다루는 스님의 위대한 역량을 믿었다는 것이다. 항상 '이 스님이 무슨 생각으로 이 문구를 썼을까'를 숙고하면서 그가 생각했던 바가 나에게도 이해된 것 같으면 주저 없이 그대로 받아들였다.

　나의 많은 시간은 이런 순간들로 채워져 있다. 여기에 생각이 미치자, 문득 이런 영감이 떠올랐다. '내가 원측과 똑같이 사유하고 있을 때는 그가 나타나는 것이 아닐까. 말하자면 그가 쓴 문구의 의미를 이해하고 그대로 받아들일 때마다 나는 그 문구를 쓰고 있던 순간의 그가 되는 것이다.'

　다시 또 그러한 영감이 저 주석가와 나의 노고에 깃든 어떤 비밀스런 의미를 암시하는 것 같았다. '우리는 한 개인으로서는 모두 무상한 존재이지만, 순환하는 주석의 역사 안에서는 어떤 불멸의 존재로 드러나기도 한다. 내가 원측의 책을 통해 때때로 그가 되었듯, 그 또한 수많은 옛 불교 문헌들을 섭렵하면서 오랜 시간을 또 다른 누군가가 되기도 하였을 것이다. 그리고 그때마다 어떤 불멸의 기억이 반복해서 이 세계에 나타나게 된다. 그 기억의 근원으로 거슬러 올라가면 단 하나

의 영적인 깨달음이 있을 것이다.'

나는 한때 철학과 스승들로부터 자기만의 독창적인 사유의 중요성에 대해 귀가 닳도록 들었지만, 옛 문헌을 역주하며 산다는 것은 그와는 거리가 먼 삶이었다. 그래도 상관없다. 옛 사람의 발자취를 답습하는 나의 지루한 행위 안에 이 세계의 아주 멋지고 은밀한 속성이 계속해서 남아 있다는 것이 나를 기쁘게 한다.

언어의 천재, 석가모니

우리는 기껏해야 깊은 한숨이나 신음 혹은 고함 등과 같은 원초적인 소리 말고는 자신과 세계를 있는 그대로 나타내는 고유한 목소리를 가지고 있지 않다. 하지만 불교도라면 '오직 부처님만은 예외이지 않을까' 하고 생각할 것이다. 사실 석가모니라는 한 사람의 음성에 의해 일으켜진 반향이 2천여 년 넘게 이어진다는 것은 그 자체로 불가사의한 일이다. 그래서 저거룩한 음성의 영감 속에서 평생을 살아가는 사람도 생겨나는 것이다.

내가 아는 한 원측 스님이 바로 그런 사람이다. 그의『해심밀경소』현담(玄談, 경문 해석에 앞서 제목과 대의 등을 밝히는 말)은 부처님의 음성 언어에 관한 길고 긴 이야기로 채워져 있다. 한 번쯤 그의 호기심과 열정을 따라가며 부처님의 음성에 대해 사색해보면 좋을 것 같다. 이후의 모든 이야기는 한 역사적 사건에서 비롯되므로 그것을 짧게 소개하겠다. 예전에『해심밀경소』「무자성상품」을 번역하다가 초전법륜(初轉法輪)의 일화를 접하고 새삼 감동한 적이 있다. 그것은 다음과 같다.

석가모니 세존은 깨달음을 이룬 후 처음에는 설법하길 주저하였다. 사람들이 과연 자기의 가르침을 알아들을까, 또 누구에게 먼저 설해주어야 할까 하는 문제로 망설였다. 그러다 교진여(憍陳如) 등 다섯 비구가 떠올랐다. 출가 초창기에 정반왕(淨飯王, 석가모니의 부친)의 명으로 자신을 보필하면서 함께 고행했지만, 자신이 중간에 고행을 폐하는 것을 보고 실망하여 떠나버린 비구들이었다. 세존은 그들이 머무는 바라나시로 향하였다. 그리고 선인(仙人)과 사슴의 전설이 깃든 어떤 숲속에서 새로운 밤낮의 시작을 알리는 하나의 사건이 일어난다.

세존은 다섯 비구의 근기를 생각하면서 사제(四諦)의 법문을 설해준다. 고·집·멸·도의 상(相)을 세 번에 걸쳐 두루 설해준 후, 세존은 먼저 교진여에게 물어본다. "법을 이해했는가." 교진여가 대답한다. "이해했습니다." 이 대답으로 인해 최초로 법의 바퀴가 구르기 시작한다. 그때 지신(地神)과 천신(天神)들이 세존의 벅찬 감격을 알아차리고 "세존께서 법의 바퀴를 굴리셨다"라고 제창하였고, 서로 사방에 그 소식을 알려주어 범천까지 이르렀다. 옛 주석가들에 따르면, '최초로 법의 바퀴를 굴렸다'는 것은 바로 세존의 음성이 교진여의 몸 안으로 흘러 들어가 그 몸에서 성도(聖道)를 일으킨 것을 말한다.

이쯤에서 다시 원측의 현담으로 돌아가보자. 그가 이곳에서 깊이 사색했던 것은 이런 것이다. '석가모니의 입으로부터 흘러나와 교진여의 몸에 들어가 최초로 견도(見道, 이치를 깨닫는 한 찰나의 마음)를 일으키고, 다시 누군가의 몸에서 또 다른 누군가의 몸으로 옮겨가며 계속해서 성스런 도를 일으키는 그 음성의 본질은 무엇인가.' 이 질문에 대해 원측을 비롯한 모든 불교도의 가장 기본적인 대답은 이런 것이리라.

부처님의 말씀도 하나의 말인 한에서는 똑같은 무상한 소리다. 그 무상한 말소리로 모든 집착을 떠나게 하는 것은 마치 "조용히 해"라는 말로 시끄러운 말을 그치게 하는 것과 같다.

이런 멋진 태도를 기본으로 장착하기 때문에 불교도들은 결코 광신도가 될 수 없다. 단, 미륵의 후예들의 장점이라면 그 음성 언어의 특징을 언어철학의 관점에서 상세하게 분석한다는 것이다. 그들의 말은 난해해도 그 취지는 단순하다. 즉, 범부들의 시끌벅적한 수다와 마찬가지로 석가모니의 말씀도 그 말의 최소 단위인 음소[文], 그 음소들이 모여서 드러나는 하나의 이름[名], 그리고 그 이름들이 모여 드러나는 하나의 문구[句]에 의지해서 어떤 의미를 전달한다. 이것을 흔히 여래의 명·구·문이라 하며, 그것이 바로 교진여의 몸 안으로 들어가 성스런 도를 일으킨 말씀의 본질이다.

그러나 우리의 신앙심 깊은 불교도들이 그런 냉정한 분석에 만족할 리가 없다. 석가모니는 가르침의 진리를 남에게서 전해 받은 것이 아니라 스스로 내면에서 깨달은 분이니, 그의 말씀도 남다른 고유한 능력에서 비롯된 것이라고 상상해 볼 수 있지 않겠는가. 원측에 따르면, 그것은 '일음(一音)'에 대한 사유에서 잘 드러난다. 다행히도 스님이 희귀한 우표를 수집하듯 옛 문헌들로부터 희한한 이야기를 많이 찾아놓았기 때문에 나는 별다른 노력 없이 그것을 알게 되었다.

초기 불교 논서인『대비바사론(大毘婆娑論)』에서 어떤 대아라한은 석가모니의 음성에 대한 경외심을 '일음으로 설한다'는 식으로 표현하였다. 이는 다국어를 일시에 구사하는 석가모니의 천재적 언어 능력을 강조한 것이다. 부처님은 성어(聖語, 모국어)뿐만 아니라 말하고 싶은 언어를 능수능란하게 할 수 있기에, 가령 한국어를 말할 때라면 이곳에 태어난 자보다 구사력이 더 뛰어나다. 또한 한국어를 하고 다음에 중국어를 하며 다음에 일본어를 하는 식으로 아주 재빨리 발음을 바꿔가며 3개 국어를 회전시키기 때문에 듣는 이들은 일시에 한 언어로 설하신다고 여긴다. 마치 불통을 빠르게 돌리면 둥근 바퀴 모양[旋火輪]이 보이는 것과 같다.

후대 대승 경전의 편찬자들은 훨씬 더 신비한 일음을 구사하는 석가모니불에 대해 이야기한다. 그들은 마치 방 안에서 울리는 음악 소리가 상하좌우의 어디서든 똑같은 크기로 들리는 것처럼, 가장 완전한 분의 음성은 공간적 제약을 전혀 받지 않는다고 생각한 듯하다. 가령 『밀적경(密迹經)』에는 '목련 존자가 신통으로 이곳으로부터 항하사(恒河沙)처럼 무수한 세계를 지나 아득히 먼 타방에 가서 부처님의 음성이 잘 들리는지 확인해보니 진짜로 똑같이 들렸다'고 하는 증언까지 덧붙이고 있다. 또 『무량의경(無量義經)』에서는 불가사의한 원음(圓音)의 교화에 대해 말한다. 부처님이 일음으로 설법하면 중생의 부류들은 제 깜냥대로 그 의미를 알아듣고, 두려워하거나 기뻐하거나 혹은 세간을 떠나기도 한다는 것이다.

이와 관련하여 나의 기이한 상상을 하나 덧붙여보고 싶다. 내가 예전에 읽은 「이수르」라는 단편소설 속 주인공은 '원숭이들은 사람들이 일을 시킬까봐 사람 말을 하지 않는다'는 자바 원주민들의 속설을 믿고, 광기에 가까운 열정으로 '이수르'라는 원숭이에게 말을 가르쳤다. 그 결과, 주인에게 시달리던 이수르는 죽음을 맞이하였는데, 그래도 죽어가는 마지막 순간에 사람 말 비슷한 소리를 내기는 하였다. 나는 어쩌면 불보살들의 눈에는 우리 중생들이 마치 이수르처럼 보이지 않을까 하는 생각이 들었다.

인간 중에도 자기 종(種)의 오랜 전통 속에 고집스럽게 머물면서 무슨 이유에선지 끝내 부처님의 말씀을 받아들이지 않는 자가 있다. 그들을 일천제(一闡提 혹은 闡提, 성불할 가능성이 없는 자)라 한다. 그런데 열반에 들지 않고 그들을 영원히 따라다니며 교화하기로 작정한 보살천제(菩薩闡提)도 등장했으니(『능가경』), 언젠가는 우리도 누군가의 기침 소리나 하품 소리, 혹은 찡그린 눈썹이나 말 없는 침묵 등으로 인해 깨치는 날이 올 수도 있으리라. 그리고 중생이 모두 성불하는 그날이 되면, 보살천제는 최후의 일천제보다 적어도 두 찰나의 역사를 더 살아갈 것이다. 그에게는 '모두가 성불하였다'고 자각하는 한 찰나, 그리고 그 자각이 소멸하는 한 찰나가 더 필요하기 때문이다.

천상의 책과
미륵의 후예

지금으로부터 아주 먼 옛날, 중국의 현장 스님이 서역에서의 길고 험난했던 구법 여행을 마치고 수많은 책을 수레에 싣고 수도 장안(長安)으로 돌아왔다. 그가 온갖 위험과 죽을 고비를 겪은 후 돌아온 그 땅에는 한때 자신의 재위 이전에 존재한 모든 책을 불태워버린 포악한 황제가 있었고, 당시는 현장 스님의 출국을 불허했던 임금이 지배력을 더욱 공고히 하고 있었다. 아마 그런 사실들이 그의 귀환을 영웅 신화의 한 장면처럼 보이게 했으리라.

당시 사람들은 그의 모험담에 오락과 풍자적 요소 등을 첨가하여 유명한 민간 전설을 만들어냈다. 짐승의 얼굴을 한

골칫거리들과 함께 위험천만한 곳으로 구법 여행을 떠난 어리숙한 삼장법사 이야기 말이다. 경이로운 인물에 대한 이러한 불경한 풍자는 그에 대한 세상 사람들의 애정을 역설적으로 보여준다.

이렇듯 불교사에는 오랫동안 인기와 명성을 누리면서도 유명세로 인해 오히려 진짜 얼굴이 가려진 사람들이 있다. 내 생각에는 그 대표적인 예가 현장인 듯하다. 스님은 구법 여행가 혹은 경전 번역가로 널리 알려졌는데, 알고 보면 7세기경 동아시아의 희유한 천재들을 자석처럼 끌어들여 유식(唯識) 연구의 붐을 일으킨 위대한 학승이기도 하다. 사람들은 저마다 누군가에게 전해 듣고 자기가 이해한 것으로 전설을 만들어내곤 한다. 나도 내가 알게 된 저 학승의 감춰진 면모로써 그 전설을 보충하고 싶다. 물론 나의 이야기에는 역사적 사실과 상상이 뒤섞여 있다는 점을 미리 밝힌다.

옛 기록에 따르면, 629년에 현장이라는 한 젊은 승려가 당(唐) 제국의 국경을 넘어 서역으로 향한다. 그 과정은 너무나 험난했다. 그는 인도로 가기 위해 궁정에 출국 허가를 요청했으나 거부당한다. 결국 몰래 국경을 넘기로 계획하고, 서역으로 가는 길목에 자리한 어떤 소용돌이치는 강 근처로 가서 기회를 엿본다. 사막의 다섯 봉우리에 설치된 봉화대의 감시망을 피해서 서쪽 국경의 마지막 관문인 옥문관(玉門關)을 간

신히 통과한다. 그는 깡마른 얼룩말의 본능에 자기 운명을 맡긴 채 단둘이 풀 한 포기 없고 모래 자갈만 뒹구는 막하연적(莫賀延磧, 고비사막의 일부)을 며칠에 걸쳐 횡단한다. 도중에 길을 잃기도 하고 갈증으로 죽음의 문턱까지 가기도 하지만 구사일생으로 그곳을 빠져나온다. 그리하여 이오(伊吾, 오늘날 신장웨이우얼자치구의 하미 지역)의 국경에 도착했을 때 마침내 중국 땅을 완전히 벗어나게 된다. 그리고 인도를 향해 발걸음을 재촉한다. 이와 같은 기적적인 사막 횡단에서는 영웅 신화의 주인공들이 겪는 죽음의 공포와 꿈속의 환영들이 자주 나타난다. 그의 모험담이 세상 사람들에 의해 회자되고 점차 각색되어감에 따라, 그는 살아생전 이미 민간 전설의 영웅이 되어 있었다.

나는 예전부터 현장이 어째서 그토록 위험한 출국을 감행했는지 궁금했다. '구법'이라는 말만으로는 충분히 납득되지 않았기 때문이다. 내 생각으론, 그가 후대에 자신의 신비한 전설을 남긴 것처럼 처음부터 어떤 신화적인 것에 이끌려 인도로 간 게 아닌가 싶다. 그 신화적 요소는 이런 것이다.

전설에 따르면, 무착(無著)이라고 하는 인도의 한 신통한 스님이 도솔천에 머무는 미륵보살을 섬겼는데, 하루는 그가 미륵보살에게 설법을 청하였다. 그의 근기를 알아본 미륵이 한밤중에 강림하여 다섯 종류의 논(論)을 설해주었다. 무착은 그 설법을 듣고 나서 하나도 빠짐없이 기억하여 기록하였다. 그 기억의 산물들은 각기 다른 이름의 책으로 만들어졌고, 유식 불교의 기초 교리로서 지상에 유포되었다. 그중 하나가 바로 『유가사지론(瑜伽師地論)』이다. 그러니까 그 책은 본래 천상에 보관되어 있던 것이고, 현장은 그 책의 완전한 판본을 구하기 위해 목숨을 건 출국을 감행한 것이다. 17년 동안 인도에서 구법 여행을 하면서 그 책을 비롯하여 수많은 불교 서적을 수집한 그는 645년경 왕의 환대를 받으며 귀국하였다. 약간의 곡절을 거치고 나서 648년에 마침내 그 책 전권의 번역을 끝내고 중국 땅에 널리 유포시켰다.

현존하는 『유가사지론』 첫머리에는 '미륵이 설하고 현장이 번역하다'라고 적혀 있다. 현장은 그 책이 도솔천의 미륵보살로부터 무착에게 전해졌다고 하는 신화적 전설을 믿어 의심치 않았다. 또 비상한 열정과 관심을 가지고 그 책을 읽고 또 읽은 그의 제자들도 '미륵불(도솔천에 머물다가 이 세상에 강림할 미래의 부처님)'에 깊이 경도되었다. 한편, 원측 스님은 자기 종파를 지칭할 때마다 항상 '미륵종'이라 하였다. 자신들의 전통과 계보가 미륵에서 비롯되었다고 믿었기 때문이다. 그래서 이제부터 나는 『유가사지론』을 자주 '천상의 책'이라 칭할 것이고, 미륵에서 무착으로 다시 현장 문하로 이어지는 일군의 학승들을 '미륵의 후예'라고 명명하려 한다. 나 또한 그런 신화적 전설에 매료되었기 때문이다.

신화적 상징물들이 대개 그런 것처럼, 저 천상의 책도 중국 땅에서 영광과 퇴락의 부침을 거치면서 어떤 진실을 일깨워준다. 그것은 현장 문하로 수많은 인재를 끌어들여 지루한 어휘들을 체계적으로 조합해놓은 방대한 주석서들을 쏟아내게 하였다. 당시는 이 지역에서 『유가사지론』 연구가 한 시대를 풍미하였다. 그리고 얼마 지나지 않아 문자의 위험성을 깨달은 선(禪)의 무리들이 흥기하여 모든 책과 형상을 파괴하는 시절이 찾아왔다. 한동안 그 책도 사람들의 관심 밖으로 사라졌다. 다시 오랜 세월이 흘러 두 무리의 육체는 모두 지상을 떠났지만, 저 지루한 어휘들과 그것을 혐오하는 광기는 오늘날까지 영생하고 있다.

어쩌면 당연한 일인지도 모른다. 그 둘은 서로를 비밀리에 도와주는 그 책의 본질적 속성이기 때문이다. 우리가 조금만 시간을 내어 그 책을 훑어본다면, 정토의 미륵이 세상 모든 것의 정확한 이름들을 상세하게 알려주었을 뿐만 아니라 다시 그것을 지워버리는 공(空)의 다양한 이름들도 함께 알려주었음을 알게 될 것이다. 그렇다면 미륵은 그 책을 사라지게 할 목적으로 그것을 설했던 것은 아닐까.

다시 현장의 이야기로 돌아가면, 저 천상의 책은 그에게 어떤 특별한 축복을 내려준 듯하다. 그는 어느 날 도랑을 건너다 미끄러져 정강이에 가벼운 상처를 입고는 그 길로 병석에 드러누웠다. 온갖 죽을 고비를 잘 넘겨왔던 그의 육체는 작은 불행에 굴복당한 채 그렇게 지상에서의 60여 년의 짧은 생을 마감하였다. 그는 위대한 학승이었음에도 제자들과는 달리 자기 이름의 주석서를 쓰지 않았다. 그 대신, 이번 생의 힘겨운 역경 소임을 다하고 임종하는 날까지 항상 '미륵'의 이름을 염하였다.

평생 미륵의 후예임을 자처했던 현장은 저 천상의 책을 설한 미륵의 비밀스런 목적도 알고 있었으리라. 어떤 기록에 따르면, 그는 664년 2월 어느 날 밤에 임종하였다고 한다. 그의 곁을 지키던 한 제자가 "미륵의 궁전에 태어나기로 결정하셨습니까, 아니면 그렇게 하지 않으실 겁니까"라고 묻자, 그는 "나는 꼭 거기에 태어날 것이다"라고 대답한 후 숨을 거두었다(샐리 하비 리긴스, 『현장법사』).

이제 내가 이 영웅 신화의 마지막 장면을 상상해보겠다. 저 천상의 책이 전해준 어떤 교리에 따르면, 마지막 하나의 이름마저 놓아버릴 때 언어로서가 아니라 그 자체로서 영원히 존재하는 것이 드러난다고 한다. 목숨이 다해가는 그날 밤, 그의 시야는 점점 조여오고 꿈의 구조도 갈수록 단순해지다가 마침내 평생 염하던 '미륵'이라는 이름마저 그의 혀끝에서 덧없이 사라졌을 것이다. 바로 그 마지막 순간에 현장은 무엇을 보았을까. 나의 상상 속에서 그 영웅 신화의 클라이맥스는 이런 것이다. 그는 한평생 천상의 것에 이끌렸던 사람이니 그의 마지막 꿈도 마땅히 신화적인 것이었으리라. 그는 미륵의 도솔천 궁전에 태어나서 그곳에 속한 찬란한 빛깔과 모양을 보고, 또 언제 어디선가 들었던 듯한 반가운 음성을 들었을 것이다. 그것이 바로 오래전에 목숨 걸고 국경을 넘었던 젊은 현장의 비밀스런 목적이고, 또 저 천상의 책이 생의 마지막에 그에게 내려준 축복일 것이다.

제바달다의
선한 시기심

'제바달다가 석가모니를 세 차례 살해하려 했다'고 하는 전설은 불교도 사이에서 잘 알려져 있다. 물론 어떤 유명한 인물이 가까운 사람에게 배신당하는 것은 인류 역사에서 종종 일어나는 일이다. 그럼에도 내가 이 이야기를 처음 들었을 때는 매우 혼란스러웠다.

　젊은 시절의 나는 누군가로부터 미움과 원한의 대상이 된다는 것은 그 자체로 매우 중대한 인간적 결함이라고 생각했다. 깨달음을 이룬 성자라면 항상 고요한 물과 같고, 선한 역할만 하며, 또 영화 속 주인공처럼 잘생기고 의젓한 분이라고 막연히 믿었다. 아무리 죄 많은 자라도 먼발치서 그의 후광을 보면 환희의 눈물을 흘리고 땅에 엎드리게 될 것이라고 떠올리면서 말이다. 그래서 석가모니가 몇 차례 제바달다로부터 살해 위협을 받았다는 사실을 접했을 때 너무 충격적이고 의아했다. 그것은 오랫동안 나의 뇌리에 의문으로 남았다.

시간이 한참 흘러, 나와 똑같은 의문을 가진 사람을 만난 적이 있다. 불교 철학자 고(故) 원의범 선생님이 어느 날 수업 중에 문득 제바달다 이야기를 꺼내시더니, 과거에 자신이 품고 있던 어떤 의문에 대해 말하였다. 그것은 나의 의문과 같은 것이었다. "내가 우리 선생님(김동화)에게 물어보려고 편지를 썼다." 나는 내심 기뻐하면서 그 후속편을 기대했지만, 그 이야기는 갑자기 중단되었다. "그런데 결국 편지를 부치지 못했다." 만약 그때 내가 "지금은 어떻게 생각하세요"라고 물었다면, 그분은 아마도 정신이 번쩍 들게 할 대답을 내게 들려주었으리라. 그러나 수줍음 때문에 나는 바로 눈앞에서 그 좋은 기회를 놓쳐버렸다.

그런 아쉬움 속에서 다시 또 많은 세월을 흘려보내던 중, 현장 스님의 『대당서역기(大唐西域記)』를 뒤적이다가 어떤 문구가 눈에 들어왔다. 바로 '우유죽을 먹지 않는 무리들'이다. 그것이 나로 하여금 예전의 의문을 떠올리게 하였고, 다시 뜻밖의 자각을 불러일으켰다. 제바달다가 불교사의 악당이 된 이유는 내가 생각하는 것보다 훨씬 더 복잡미묘할지도 모른다. 이제는 물어볼 스승도 없으니, 스스로 그에 대해 사색해봐야 한다. 이번 이야기도 약간의 역사적 기록에 나의 상상이 많이 첨가되었다. 그러니 어떤 내용은 사실과 다를 수도 있음을 미리 밝혀둔다.

『대당서역기』에는 현장이 인도로 구법 여행을 떠나서 동인도 지역의 금이국(金耳國, 까르나수바르나)을 지날 때 목격한 장면을 이렇게 적고 있다.

이 나라에서는 삿된 교설과 바른 교설을 아울러 믿는다. 가람 십여 곳에서는 이천여 명의 스님들이 소승(小乘) 정량부(正量部)의 교법을 배우고 있었다. 천사(天祠, 천신 등에게 제사 지내던 곳)가 오십여 곳이고, 이도(異道)들이 참으로 많았다. 따로 세 개의 가람이 있었는데, 그들은 우유죽을 먹지 않았으며 제바달다의 유훈을 따랐다.

현장이 그 지역을 지나던 때는 7세기 초 무렵이었다. 그런데 놀랍게도 불교도의 신앙 연력[佛紀]으로 1000년이 넘을 때까지 제바달다의 무리들이 살아남아서 자신들만의 전통을 고수하고 있었다. 현장은 에둘러서 '그들은 우유죽을 먹지 않았으며'라고 표현했지만, 그 말의 구체적 의미는 다른 기록을 통해서 엿볼 수 있다. 현장보다 앞서 4세기 말에 인도를 여행한 법현(法顯, 338~422)은 동일한 장면을 목격하고 분명한 어조로 이렇게 적는다.

제바달다에게도 대중들이 있었다. 그들은 항상 과거삼불(過去三佛, 석가모니불 직전에 출현했던 세 부처님)께 공양을 올렸지만 석가모니불께는 공양하지 않았다.

나는 약간의 냉소가 느껴지는 현장 스님의 저 표현에서 제바달다의 의문스런 행적의 비밀을 풀 열쇠를 발견하였다. 우유죽을 먹지 않는 무리들. 그러니까 현장이 동인도 지역의 이교도들 사이를 지나면서 목격한 것의 정체는 천여 년을 살아남은 제바달다의 의지였으리라.

어쩌면 제바달다는 진심으로 수행자에게 우유죽은 사치라고 여겼을지도 모른다. 그래서 자신을 따르는 무리들에게 우유죽을 먹지 말라는 유훈을 남겼고, 이로써 우유죽을 먹는 석가모니의 후예들과 금욕적인 자기 교단을 구분하려고 했을 것이다. 그 결과 그는 어떤 기적 같은 일을 비밀리에 성취해낸다. 말하자면 자기가 석가모니를 세 번 살해하려 했고 한 비구니를 살해했으며 교단을 분열시킨 것은 한갓 시기심 때문이 아니라, 그런 '선한 동기'에서 비롯된 일이었음을 그의 추종자들에게 각인시킨 것이다. 그는 이런 식으로 선과 악의 경계를 교묘하게 넘어선다. 그리하여 그 무엇에도 꺾이지 않던 제바달다의 의지는 천여 년이 지날 때까지 저 '우유죽을 먹지 않는 무리' 속에서 영속하면서 그가 불행한 배신자로 기억되는 것을 막아낸다.

불교 문헌들을 살펴보면, 석가모니의 후예들은 관대하게도 제바달다가 영생하는 길을 열어준다. 우선 초기 불교도들은 제바달다가 지은 오역죄(五逆罪)의 마땅한 대가로서 '산 채로 지옥 구덩이에 던져졌다'고 하는 전설을 만들어낸다. 이것으로 끝났다면 그는 불교사의 악당 명단에 오른 첫 번째 주자로만 기억되었을 것이다. 그런데 대승 경전의 편찬자들은 석가모니와 맞먹는 인물로 그를 거듭나게 하였다. '석가모니의 전생 스승으로서 미래의 천왕여래가 된다'고 하는 수기를 그에게 내려준 것이다(『법화경』「제바달다품」).

또 중국의 한 선사 어록에는 석가모니의 존엄을 부정하는 위험천만한 제바달다가 등장한다. 부처님은 아난을 시켜 지옥에 있는 제바달다의 의중을 떠보게 한다. '지옥에서 견딜 만한지, 거기서 빼내주길 바라는지'를 묻자, 그는 이렇게 응수한다. "나는 비록 지옥에 있지만 마치 삼선(三禪)의 천락(天樂)을 누리는 듯하다. 세존이 여기로 오면 그때 내가 여기서 나갈 것이다. 세존이 오지 않았는데 내가 어찌 나가겠느냐(『대혜보각선사어록』)."

이렇듯 이 세상에는 제1인자에 대한 제2인자의 시기와 배신이라는 행위 유형이 반복적으로 나타난다. 제1인자를 꿈꾼 제바달다는 평생 석가모니의 정원에 돌을 던지는 역할을 충실히 해낸다. 만약 고요한 물과 같은 존재가 있다면, 그는 모든 충격을 허용하고 다채로운 물결을 일으켰다가 다시 고요해질 것이다. 석가모니의 정원에서도 그런 충격을 허용한다. 그 여파로 석가모니의 인간적 면모가 적나라하게 드러나기도 한다. 조사해보니 어떤 율장(律藏, 계율에 대해 적은 성전) 안에는 그런 솔직한 내용들이 적지 않았다. 가령 '이제 교단은 내게 맡기고 좀 쉬시라'고 말하는 뻔뻔한 제바달다에게 세존은 다소 심한 언사를 날리기도 한다. 또 앙심을 품은 제바달다의 살해 위협에 대해 제자 아난으로부터 전해 듣고는, 심약한 아난을 안심시키면서 자신은 밤잠을 설치기도 한다. 또 원측 스님의 『인왕경소(仁王經疏)』에서 본 어떤 외인의 질문도 기억에 남는다. '석가모니가 모든 번뇌를 다한 분이라면 어째서 라홀라를 애틋하게 대하면서 제바달다는 꾸짖기만 했는가.' 이처럼 때로는 대답보다 질문 속에서 진실이 드러나는 법이다.

후대의 더 관대한 불교도들은 '제바달다의 선한 시기심'이라는 역설적 표현을 쓰기도 한다. 만약 그의 악행에 나름의 선한 미덕이 있다고 할 것 같으면, 그것은 아마도 이런 것이리

라. 제바달다가 자기만의 방식으로 선과 악의 경계를 훌쩍 뛰어넘었듯, 우리로 하여금 우리가 보려 하지 않는 진실과 마주하게 하려는 것은 아닐까. 석가모니의 온갖 선행과 마찬가지로, 라훌라를 사랑하고 제바달다를 꾸짖었던 것이나, 많은 날을 연속되는 위협과 공포 속에서 살아야 했던 것 또한 그의 온전한 삶의 일부이다. 그러니 우리가 마음대로 그것들만 빼버릴 수는 없다. 오히려 석가모니가 우리처럼 열정과 분노와 두려움을 가진 사람으로 이 세상을 충실히 살다 갔음을 기뻐해야 하고, 또 우리의 그런 기쁨이 그가 슬픈 성자로 기억되는 것을 막아줄 것이다.

겁초(劫初)의 사람

나는 어떤 책을 읽다가 우연히 에덴동산에 머문 최초의 사람에 관한 재미있는 견해를 접한 적이 있다. 그에 따르면, 신(神)이 아담을 창조할 때 예수가 죽은 바로 그 나이, 즉 서른세 살의 성인 남자의 치아와 골격을 갖춘 형상으로 만들었다는 것이다. 다만 서양의 몽상가들은, 어머니의 탯줄과 연결된 적이 없이 태어난 이 최초의 사람은 아마도 '배꼽 없는 사람'이었을 것이라 상상하기도 한다.

이것이 나로 하여금 '겁초(劫初)의 사람'을 떠올리게 하였다. 그도 모태에 의존하지 않고 사지가 원만한 몸을 갖추고 태어난 자이기 때문이다. 저 배꼽 없는 사람이 기독교인 안에서

낙원의 추억과 원죄 의식을 불러일으키듯, 나는 이 겁초의 사람이 불교도 안에서 무엇을 일깨워줄지 궁금해졌다. 지금 나는 그것을 희미하게 느끼고 있지만, 이 이야기가 끝날 때쯤 조금 더 분명해지기를 바라고 있다.

내가 사람 중에서 유일하게 모태에 의지하지 않고 태어난 자가 있음을 처음으로 안 것은 『유가사지론』 주석서를 번역할 때였다. 이 책 제2권에 겁초의 사람에 대한 짧은 이야기가 나온다. 조사해보니 옛 초기 경전들 가운데서 이미 그에 대해 상세하게 설해졌고, 후대 불교 논서에서도 그 내용을 거의 그대로 수용하고 있었다. 그러니까 겁초의 사람에 관한 이야기는 오래전부터 불교도의 보편적인 기억으로 자리 잡은 태초의 신화라고 할 수 있다. 그 신화에서 인상적인 내용을 간추려보면 다음과 같다.

> 이 우주 안에서는 세계가 이루어지고 머물다가 무너져서 텅 빈 암흑 상태로 돌아가는 순환적 주기가 되풀이된다. 세계가 이루어지는 성겁(成劫, '겁'은 무수한 시간을 뜻함)의 초기에는 인과응보의 윤리적 법칙에 따라, 세계가 무너지는 괴겁(壞劫)에 가장 늦게 멸한 고등한 중생들부터 차례로 태어난다. 맨 먼저 색계의 광음천(光音天, 빛으로 언어 소통하는 하늘. 색계 제2선의 세 번째 하늘로, 뒤에 언급되는 '극광정천'

과 같다)이라 불리는 천상계에서 천중(天衆)들이 태어난다. 다시 그곳에서 복과 업이 다한 자가 몰(沒)하여 그 아래의 천에 태어나거나 혹은 더 아래의 욕계로 내려와 사람으로 태어난다. 욕계의 첫 번째 사람은 홀로 외로워하며 다른 사람이 있기를 바라던 차에, 마침 광음천에서 인연이 다한 자가 또 한 명 내려와 두 번째 사람으로 태어난다. 그 둘은 모두 자기의 전생에 무지하기 때문에, 첫 번째 사람은 두 번째 사람이 자기 뜻대로 만들어졌다고 믿고, 두 번째 사람은 첫 번째 사람이 자기를 만든 자라고 믿는다. 그들은 부모로부터 태어난 것이 아니라 자기 마음[意]으로 화생(化生, 변화로 홀연히 생함)한 자들이다. 태어날 때부터 외모가 반듯하고 원만한 사지와 감각기관을 갖추고 있으며, 무형인(無形人, 남녀의 성기가 없는 자)이다. 하늘의 중생과 흡사해서 온몸에서 스스로 광명을 발하고, 희열을 먹고 살아가며, 신통으로 공중을 날아다니고, 아주 오래 장수하였다.

이 신화에서 묘사된 원형의 사람은, 비유하자면 맑은 하늘에서 스스로 빛나면서 무수한 시간을 머무는 태양과 같다. 그런데 저 태양을 신성한 존재처럼 여기긴 해도 그것에 인간적 애정을 느끼지는 않는 것처럼, 나는 저 원형의 사람에게 아무런 애틋한 감정도 생기지 않는다. 그는 물론 홀로 심심해하며 다른 누군가를 그리워할 테지만, 그가 세상의 철학과 예술의 씨앗을 잉태한 저 깊은 암흑과 슬픔까지 알았다고 할 수는 없다. 내가 친근하다고 느낀 사람다운 사람은 먹을거리가 그야말로 천지개벽 수준의 변화를 거친 후에 나타났다. 이들은 모두 다시는 천상계로 돌아갈 수 없게 된 안타까운 사연을 갖고 있다. 저 태초의 신화에서는 이렇게 말한다.

겁초의 사람은 희열만 먹고 살다가 누군가 우연히 땅에서 나는 지미(地味, 녹은 엿처럼 부드러운 유액)를 찍어 먹게 되었다. 그러고는 맛있다고 서로 앞다투어 먹었다. 많이 먹은 사람일수록 몸이 무거워졌다. 그러자 몸의 광명이 사라지고 어둡고 미운 빛깔을 띠었으며, 신통을 잃어 날아다닐 수 없게 되었다. 지미가 고갈되자 점점 더 거친 음식을 먹었고, 몸 밖으로 찌꺼기를 내보내기 위해 배설기관이 생겨났다. 다시 이들은 서로를 곁눈질하면서 애염을 일으켰다. 이런 업이 무르익어 남자·여자의 성기가 생겨났고, 마침내 사람이 사람을 낳게 되었다.

내가 겁초의 사람에게 흥미를 느끼는 것은, 그래도 아직 때가 덜 묻은 동심(童心)에서 사람 본연의 모습을 찾고자 하는 심리 때문인지도 모르겠다. 그래서 더욱 안타까운 것이 있다.

어째서 저 겁초의 사람은 아무리 먹어도 고갈되지 않는 천상의 희열식(喜悅食)을 놔두고 땅에서 나는 지미를 찍어 먹은 것일까. 어쩌면 저 순진무구한 겁초의 사람이 심심해서 재미로 그렇게 해본 것은 아닐까. 그로 인해 결국 이전의 좋은 세상과 영원히 결별하게 되고, 또 다른 세계 속에서 불행한 자기를 보게 될 줄은 꿈에도 모른 채 말이다. 그러니까 거친 음식을 먹는 데 정신이 팔려 천상적인 모든 것을 잃어버린 저 애상적인 존재에게서 창조와 파괴를 거듭하는 무심한 의지를 보았다고 나 할까.

다시 이런 의문도 덩달아 일어났다. '무지가 전생의 기억을 가로막고 있다 해도, 본래 천상에서 온 존재라면 언젠가 거기로 돌아가길 꿈꾸지 않을까' 하는. 이런 생각으로 『유가사지론』 제2권을 살펴보니, 내 짐작과 딱 맞는 문구가 눈에 띄었다.

세계가 무너지는 괴겁의 말기에는 지옥이나 방생 등처럼 욕계의 하등한 중생 부류들이 먼저 소멸한다. 이때 인간 중에 어떤 한 사람이 누가 가르쳐주지 않았는데도 자연적으로 색계의 선정을 증득하고, '그곳의 희열이 참으로 즐겁고 고요하다'고 칭송한다. 그러면 다른 사람들도 연속해서 따라 배운다. 이런 식으로 이어지다가 그들이 죽어서 모두 색계의 극광정천(極光淨天, 앞서 말한 광음천의 다른 이름)에 태어나면, 이때 '인간 세계가 무너졌다'고 한다.

그렇기에 세상이 곧 멸망할 것 같은 시절에 노아의 방주나 우주선의 탑승권을 구하는 것은 어리석은 짓이다. 사람들의 마지막 피신처인 저 천상의 세계는 오직 선정의 힘으로 획득되는 것이기 때문이다.

마지막으로 유식의 교리 안에서 나의 해석을 짧게 덧붙여본다. 무시이래 모든 행위의 흔적을 담지하면서 찰나마다 끊임없이 이어지는 아뢰야식(阿賴耶識, 인간의 심층에서 작동하는 근원적인 식)의 지평에서 보면, 나에게 주어지는 세계의 창조와 종말은 내 숨이 들고 나는 한 찰나에 달려 있다. 그러니까 한 찰나 전에 무수한 겁이 흘러갔고, 그 무수한 과거의 기억을 간직한 아뢰야식이 지금 이 순간에 직전과 유사한 세계를 질서정연하게 현현해낸다. 매 순간 내 안에는 겁초의 사람이 살고 있다. 창조 직후의 그는 또 외로워하며 바깥 풍경 속의 누군가를 곁눈질할 것이다. 그는 홀로 심심해한다. 그래서 그냥 '재미 삼아' 자신의 파멸을 초래할 한 생각을 홀연히 일으킨다. 마치 저 태초의 신화 속에서 충만했던 겁초의 사람이 재미로 거친 지미를 찍어 먹었듯이 말이다.

그렇다 해도 나는 창조 직후의 사람이 언제나 이전의 좋은 것을 파괴하고 이후의 나쁜 것을 만들어낸다고는 생각하지 않는다. 왜냐하면 석가모니는 자신의 모든 창조와 파괴를 종결짓고 궁극의 깨달음을 이루었으며, 그가 바로 우리 안에 있는 최후의 사람임을 이미 오래전에 시현해주었기 때문이다.

천국의 나무

많은 사람이 한 번쯤 여행했을 법한 이웃 나라 베트남의 최대 도시는 옛 이름 대신에 이제는 한 혁명가의 이름으로 불린다. 그는 20세기 초중반의 혹독한 시절을 겪으면서 '지상의 천국'을 꿈꾼 사람 중 한 명으로, 예전에 나는 두꺼운 그의 평전을 다 읽은 적이 있다. 지금은 거의 기억나지 않지만, 한 가지는 잊히질 않는다. 타계 직전 그와 인터뷰했던 한 저널리스트가 전한 내용이다.

그는 젊은 시절 혁명적 열정이 지나쳤을 수 있다고 인정하였다. 소련에 살던 시절, 실크 드레스에 하이힐 차림이라는 이유로 어떤 젊은 여자를 꾸짖은 일이 있다고 후회하기도 했다. 그 여자는 다 자기 손으로 벌어서 해 입은 것이라고 당당하게 대꾸하였다. 그러면서 이렇게 물었다. "젊은 사람들이 잘 먹고 좋은 옷을 입는 것이 그렇게 나쁜 일이 된 건가요?" 수십 년이 흐른 뒤에도 그녀의 말은 그의 기억 속에 남아 있었다.

_윌리엄 J. 듀이커, 『호치민 평전』, '4장 용의 아들' 중에서

짐작하건대 지상천국을 꿈꾼 그가 가슴속에 묻어두어야 했던 어떤 화두가 있었을 것 같다. 혹독한 시절에는 그것을 말하기 조심스러웠을 테니, 그보다 좋은 시절을 사는 내가 대신 말해보겠다. 저 실크 드레스 차림의 젊은 여자는 천국에 대한 자신의 당찬 의견을 밝힌 것이다. 그것은 이런 것이리라.

무릇 천국은 가장 즐겁고 행복한 곳이다. 그곳에는 몸도 있고, 그 몸을 즐겁게 해주는 천상의 진미와 옷과 놀이 등이 있다. 그것들이 천상의 것이 된 이유는 무상으로 주어져서가 아니라 아름답고 예술적이기 때문이다.

그러니까 저 젊은 여자에게는 쾌락과 아름다움이 이상적으로 결합된 곳이 바로 천국이다. 또 어디선가 전쟁의 참상이

벌어지는 와중에 머리색이 이상하게 변했다는 이유로 "아름답지 않으면 살아갈 수가 없어"라며 난동을 피운 하울(〈하울의 움직이는 성〉의 주인공)의 천국도 그러한 것이리라. 내가 알기로, 지상의 천국에 관해서는 그 젊은 여자의 견해가 불교의 천국관에 더 가깝다. 그래서 이러한 천국을 소망하는 사람들에게 그곳에 대해 좀 더 말해보고 싶다.

불교 문헌에서 천(天)이란 태어난 장소 혹은 그곳에 태어난 중생을 모두 뜻한다. 불교도들이 잘 알다시피, 생사윤회하는 장소 중에 가장 즐겁고 행복한 곳이 천이다. 정확하게는 욕계에 있는 여섯 천[六欲天]이다. 위쪽으로 갈수록 수명은 더 길어지고 몸과 땅도 더 오묘하고 광대해진다. 이 가운데 '지상에 있는 천국[地居天]'은 욕계의 첫 번째 사천왕천(四天王天)과 두 번째 도리천(忉利天, '삼십삼천'이라고도 함)이다. 이 두 가지 천은 땅의 끝자리, 말하자면 지상에서 가장 높은 수미산 위쪽에 있다. 지상천국을 꿈꾸는 이라면 수미산 꼭대기의 도리천을 주목해보자. 이곳이 바로 인간과 유사한 몸을 가지고 최대의 욕락을 누리는 최고의 지상천국이기 때문이다.

도리천의 하루 밤낮은 우리의 백 년과 같고, 그곳의 중생들은 그곳의 천 년을 살면서 오묘한 욕락을 누린다. 이 천은 욕계천의 기본 섭리를 따르기에 욕계천이 누리는 욕락을 함께 누린다. 그런데 그곳을 인간 세계와 비교하면, 욕망의 형태가 비슷하면서도 다른 점이 있다. 가령 인간 세계에 맛있는 음식점, 자동차 매장, 명품 옷과 장신구 가게, 유흥업소 등이 있는 것처럼, 천국에도 다양한 욕망을 채워주는 것들이 있다. 다만 천국에서는 모든 욕망의 충족 체계가 미학적으로 구현되어 있다. 그것이 바로 '천국의 나무'다. 그곳에는 어마어마한 크기의 나무들이 있고, 무르익은 열매의 껍질이 저절로 열리면서 천상의 물건들이 나온다. 누구나 원하기만 하면, 그가 원한 것이 곧장 그의 수중에 들어온다.

내가 천상의 책이라 부르는 『유가사지론』 제4권에서는 아홉 종류의 천국의 나무가 언급된다.

청·황·적·백의 색깔을 띠는 네 종류의 맛있는 음식이 나오는 나무, 감미로운 음료가 흘러나오는 나무, 다양한 용도와 형태의 수레가 나오는 나무, 부드럽고 미묘한 빛깔과 무늬의 비단옷이 나오는 나무, 마니 보배로 된 각종 장신구가 나오는 나무, 머리에 쓰는 향기로운 화관 등이 나오는 나무, 천국에 시원한 그늘과 꽃향기를 선사하는 가장 수승하고 거대한 나무, 노래와 춤과 음악을 위한 악기가 나오는 나무, 온갖 살림 도구가 나오는 나무.

이쯤에서 잠시 저 실크 드레스 차림의 젊은 여자에게 힘을 실어주고 싶다. 개념의 변천사에 정통한 원측 스님은 여러 문헌을 살펴본 후 '천(天)의 본질은 광명이다'라고 정의하였다 (『해심밀경소』「서품」). 이 진지한 학승에게 광명은 진리의 빛이겠지만, 저 젊은 여자에게는 아름다움 그 자체일 것이다. 천의 중생은 태어날 때부터 몸이 원만하고 또 '옷을 입고 있다'고 한다. 천상의 옷은 비할 바 없이 가볍고 부드럽고 미묘하다. 천상의 몸이 이미 자연적 광명으로 찬란하게 빛나는데 옷으로 무엇을 가리겠는가. 그 옷은 그 자체로 천상의 아름다움, 다시 말하면 순수한 기쁨을 나타내는 것이리라.

또 머리색이 이상해졌다는 이유만으로 살아갈 의욕을 잃은 하울의 심정도 이해된다. 천국의 중생에게 가장 큰 고통은 뭐니 뭐니 해도 추해지는 것이다. 저 천상의 책 제4권에서는 이렇게 말한다.

천의 목숨이 다해갈 무렵, 아름답던 옷이 더러워지고 머리에 쓴 화관도 시들해지며, 청결하던 몸에서 냄새가 나고 겨드랑이에선 땀도 난다. 그는 더 이상 그의 자리를 즐기지 못한다. 한창일 때 도리천의 천자는 제석궁(帝釋宮)의 정원에서 미녀들과 은밀한 놀이를 즐겼지만, 박복한 말년에는 정원 숲속에 드러누워 더 광대한 복락과 오욕을 지닌 다른 천자의 유희를 구경한다. 그것을 보면서 큰 상처와 모욕감 다시 저 천국의 나무로 돌아가보자. 만약 천국이 아름답고 평화롭긴 해도 재미없고 권태로운 곳이라 생각한다면, 그것은 적어도 욕계의 천에는 맞지 않는다. 지상의 천국에서는 우리가 익히 아는 모든 욕망이 결핍되지 않고 오히려 미학적으로 충족된다. 저 천국의 나무가 그것을 상징적으로 보여준다. 이 매혹적인 천국에서는 몸을 지닌 존재들의 가장 원초적인 욕망도 그 자체로 긍정된다. 음욕 말이다. 뜨거운 번뇌가 따르는 음욕에는 고락이 뒤섞여 있고, 욕계의 천도 그런 음욕을 갖고 있다. 위쪽의 네 종류 욕계천에서는 입 맞추거나, 포옹하거나, 손을 잡거나, 서로 바라보는 것만으로도 곧장 뜨거운 번뇌가 그친다. 지상에 있는 사천왕천과 도리천은 인간과 흡사해서 육체의 교합으로 곧장 뜨거운 번뇌가 사라지지만, 정혈 대신에 바람 기운[風氣]을 방출한다. 그래서 『유가사지론』 제5권에서 말하길, '욕계의 천들은 본래 자연적으로 잠깐이면 번뇌에서 해탈한다'고 하였다.

이 마지막 문구에는 천상에서 비밀스럽게 들려주는 법문이 들어 있다. 미륵의 첫 번째 후예인 무착(도솔천의 미륵에게 설법을 듣고 『유가사지론』 등을 지었다고 전해짐)이 한 저서에서 그것을 넌지시 암시하였다. 그는 청정한 범행(梵行)의 종류를 열거하면서 그 첫 번째 항목에 이렇게 적는다. '욕망으로 욕망을 떠나는 것[以欲離欲](무착,『집론』제7권).' 여기에 이 스님의 점잖은 후계자는 '(욕망을) 여실하게 두루 아는 지혜로 그것을 영원히 끊는 것을 말한다'라고 주석을 덧붙였다(안혜,『잡집론』제16권). 표면적인 의미와는 전혀 다른 비밀스런 의미를 설한 것을 비밀 법문이라 하는데, 아마도 그들이 드러내놓고 말하길 꺼린 그 법문은 실은 이런 것이리라.

> 욕망을 충족시킴으로써 빠르게 욕망을 떠나는 것, 그것이 바로 오묘한 쾌락을 누리는 천상의 방식이다. 이런 곳에서는 음행이 곧 범행이다.

만약 지상의 천국을 꿈꾸는 자라면, 이런 비밀 법문에 더 솔깃하지 않을까. 그러니까 인간의 본능적 욕망과 쾌락이 완강하게 죄악시되지도 않고 위협받지도 않을 때, 인간 세계는 저 욕계의 지상천국과 더욱 닮아 있을 것이다. 그때는 이 지구상에서 억압되고 왜곡된 성적 욕망으로 인해 야기되는 문제들이 소리 없이 자취를 감추게 될 것이고, 더 세월이 흐른 후에는 아무도 그런 문제들이 있었다는 사실조차 기억하지 못하게 될 것이다.

뜨겁지 않은 불

미륵의 후예들이 우리에게 애써 일깨워주려 한 비밀스런 의미들 가운데 가장 앞자리에 놓일 테지만, 우리는 정말 별것 아닌 듯이 생각하는 것이 있다. 철학에서는 그것 자체를 하나의 신비한 일로 여김에도, 너무나 익숙한 것이기에 우리는 그것의 신비를 좀처럼 알아차리지 못한다. 그래서 먼저 '뜨겁지 않은 불'이라는 아리송한 제목으로 잠들어 있는 우리의 호기심을 자극해보았다. '그것이 뭘까' 하는 의문이 조금 더 이어지고 커질수록 그것의 신비를 더 많이 감지할지도 모른다. 처음부터 그것의 정체를 밝히는 대신, 수수께끼를 풀어갈 때처럼 일부러 모호하게 시작해보는 것도 좋을 듯하다.

현장 문하에서 맹활약했던 규기(窺基, 632~682) 스님의 말씀에 따르면, 우리는 '타인의 소리[他聲]'를 통해 그것의 마술적 기능을 익힌다. 만약 이 단서만으로 어떤 것을 떠올렸다면, 그것은 단지 짙은 안개 속에서 희미한 형상을 본 것에 불과하다. 내 마음 안에서, 또 내게 자신의 소리를 들려준 타인의 마음 안에서 어떤 마술적 사건이 벌어졌는지 아직은 모를 것이기 때문이다.

이번에는 직업상 그것을 가장 생생하게 다룰 수밖에 없는 한 문학가의 표현을 빌려보겠다. 남미의 작가인 보르헤스의 전집 겉표지에 이런 경이로운 문구가 발췌되어 있다.

> 사실 모든 명사는 사물의 요약이다. 우리는 차갑고 날이 서 있으며 상처를 입히고 견고한 데다 번쩍번쩍 빛나고 끝이 뾰족하다고 말하는 대신에 '비수(匕首)'라고 발음한다. 또한 태양이 멀어지고 그늘이 짙어진다고 하는 대신 '날이 저문다'고 말한다.
>
> _호르헤 루이스 보르헤스, 『아르헨티나 사람들의 언어』, '시어에 대한 장광설' 중에서

이쯤 되면 내가 말하려는 것의 정체가 바로 말[言], 언어임을 눈치챘을 것이다. 규기 스님이 '타인의 소리'라고 했던

것은 우리가 말을 처음 배울 때 들었던 누군가의 목소리이고, 보르헤스가 '사물의 요약'이라 한 것은 바로 그 말소리가 실행하는 어떤 마술적 기능을 나타낸다.

사실 언어의 마술적 기능에 관해서라면, 미륵의 후예들이야말로 진정한 전문가들이다. 그들의 머릿속에 들어 있는 수많은 용어 대부분은 언어의 문제와 어떤 식으로든 연관되어 있다. 그러나 우리가 그 낯선 용어들을 모두 알 필요는 없다. 그것들은 단지 우리가 거의 본능적으로 알게 된 어떤 일을 일깨워주는 방편에 불과하기 때문이다. 우리는 과거 언젠가 타인의 목소리를 하나의 '말'로 받아들이게 되었을 때, 너무나 다채롭고 어지럽게 변하고 있는 일군의 사물들을 특정한 소리로 단번에 압축해서 표현하는 법을 이미 터득하지 않았던가. 그러니까 저 남미의 작가가 '사물의 요약'이라 한 것도 실은 우리가 오래전부터 눈치채고 있던 것을 달리 표현한 것에 지나지 않는다. 그것은 이런 것이다.

우리는 그것에 가까워지고 멀어짐에 따라 그 형태가 커지거나 작아지기도 하는 수많은 실물을 서로 다른 시간과 공간 속에서 지각하였다. 그중 어떤 것들은 뜨겁고 무언가를 태우는 성질이 있다. 그것은 거센 바람이 휩쓸고 지나간 나무들 사이에서 맹렬하게 솟구치기도 하고, 하늘의 천둥 번개로부터 섬광처럼 내려치기도 하며, 아궁이 속 땔감들로부터 서서히 일어나기도 한다. 그것의 수많은 변화무쌍하고 다채로운 형상들은 각기 서로 다르고, 그래서 딱 집어 '무엇이라 말해질 수 없는[不可說]' 것이다.

그럼에도 우리는 오랫동안 그 뜨거운 실체를 나타내기 위해서 '불'이라고 발음하였고, 그때마다 언어의 마술적 기능을 경험하였다. 말하자면 우리는 '불'이라는 말이 뜨거운 진짜 불이 아니라 뜨겁지 않은 가짜 불에 도달한다는 것을 직감으로 알아차린다. 왜냐하면 입으로 '불'이라고 발음할 때마다 그 '불'이 진짜로 우리의 입속을 뜨겁게 달구지는 않기 때문이다. 그리고 '불'이라는 말로 도달한 가짜 불은 단지 우리 마음[情] 의 관념적 불이라는 것도 눈치챘을 것이다. 그렇지 않다면야 어떻게 아무런 두려움 없이 지겹도록 계속해서 '불'이라는 말을 발성하면서 살아가겠는가.

미륵의 후예들은 이상의 장황한 이야기를 다음과 같은 한마디로 나타낸다.

모든 언어는 자상(自相, 사물 자체의 고유한 모습)에 이르지 못하고, 오직 공상(共相, 사물들의 공통적인 모습)만 얻게 된다.

여기서 '공상'이라 하는 것은 바로 저 남미의 작가가 '사물의 요약'이라 표현한 것으로, 어떤 일군의 실물이나 사건들에서 발견한 공통적인 모습을 가리킨다. 그것은 본래 시시각각 달리 현현하는 실물의 세계 위에 덧씌워진 언어적 환영이다. 그 환영이 어떤 특정한 말소리에 봉인되고 나면, 그 후로는 우리가 입으로 그 말소리를 내거나 마음속으로 생각하기만 해도 그 환영이 저절로 현현한다. 가령 '불'이라고 말하거나 '비수'라고 말하면, 우리 마음속에 그것의 언어적 환영이 곧장 떠오른다. 그러면 우리는 그것을 '안다'고 생각한다.

이와 같은 언어적 환영들은 하늘과 땅과 산과 강과 같은 사물들, 그리고 온갖 추상적 용어에서도 똑같이 생겨나서, 우리가 쓰는 모든 말에 그림자처럼 붙어 다니며 집착을 불러일으킨다. 만약 말하는 것마다 생각하는 것마다 모두 '있다'고 단정하는 사람이라면, 그는 필시 자기 마음속에 있는 어떤 환영에 집착하고 있는 것이다. 그 환영은 본래 없는 것이고 단지 하나의 이름에 불과하지만, 우리는 그 사실을 너무 쉽게 망각한다.

그래서 불교의 옛 선현들은 다양한 호신용 주문들을 남겨두었다. 가령 『금강경』에 반복해서 나타나는 "반야는 반야가 아니라 그 이름이 반야이니라"라는 식의 문구가 그것이다. 또 옛 선현들은 "산은 산이 아니고 물은 물이 아니다"라는 주술적 문구를 남기기도 하였다. 이 문구에는 두 개의 '산'과 두 개의 '물'이 들어 있다. 둘 중 하나는 실물(진짜)이고 다른 하나는 언어(가짜)라고 이해한다면, 이 주문은 유용한 효험을 발휘하게 될 것이다.

그런데 우리는 어떤 시각적 이미지가 때론 가장 호소력 있는 언어로 쓰일 수 있음을 알고 있다. 어떤 이는 상대방만 알아챌 수 있는 손놀림을 현란하게 구사함으로써 둘 간의 은밀한 거래를 성사시키기도 하고, 또 어떤 이는 상대방 앞에서 말없이 그냥 서성거림으로써 훌륭하게 뭔가를 표현하기도 한다. 불교의 한 전설에 따르면, "석가모니가 한 송이 꽃을 들어 보였고 그의 한 제자만이 미소로 화답했다"고 하는데, 지금 나는 그것을 이렇게 받아들인다.

석가모니가 오랫동안 여러 비유를 들어가며 자신의 가르침을 되풀이해온 것처럼, 그때도 영취산에서 막 법회를 열려던 차였다. 한 천신이 석가모니가 자주 깨달음의 비유로 삼았던 꽃을 그 앞에 가져다놓았다. 그때 문득 어떤 일이 일어났다. 그는 마치 흐릿한 유리창을 통해 본 것이 아니라 오래전 깨달음 속에서 모든 것을 선명하게 보았던 것처럼 그 꽃을 보았다. 그것은 단지 비유의 언어로서가 아니라 본래 뭐라 말해질 수 없는 그 자체로서 이 세계에 존재하고 있었다. 그는 그 경이로운 꽃을 들어 보였다. 그러자 저 뒤쪽에 있던 한 제자가 미소로 화답하였다.

내 방 한쪽 벽을 장식하는 백여 권에 달하는 『대장경』 속 저자들도 결국 똑같은 자각에 이르렀을 것으로 생각한다. 자신들이 쓴 저 무수한 글자들이 실은 매 순간 달리 현현하며 그 자체로 영원히 존재하고 있는 이 세계 위에 덧없이 추가된 환영임을 말이다.

영원한 현재

나는 오랫동안 불교 문헌 속 많은 철학적 주제를 넘나들면서 종종 '시간'에 대한 다양한 논증과 관념을 목격하였다. 그때마다 누군가 말한 것처럼, 시간이란 알려고 하면 할수록 더욱 모르게 되는 것임을 되새기곤 한다. 내가 끝내 시간의 비밀을 이해하지 못한다 해도 한 가지 분명한 것이 있다. 큰 깨달음을 얻기까지는, 나는 여전히 시간을 민감하게 의식하는 인간의 종(種)에 머물면서, 앞으로도 계속 "시간이 온다"거나 "시간이 간다"는 식의 말을 쓰며 살아갈 것이고, 가끔은 시간에 대해 나 자신조차 확신하지 못하는 어떤 견해를 늘어놓을 것이라는 사실이다.

요즘에는 달력이나 시계를 보는 일이 점점 줄어들면서 시간에 대한 관념도 한쪽으로 기울었다. 말하자면 해[日]와 달[月]과 시계의 초침과는 무관한 어떤 시간에 대해 자주 생각하곤 한다. 내 생각을 말하기에 앞서, 시간에 대한 두 가지 관념을 간단히 살펴보겠다. 어차피 내 생각도 그 안에서 돌고 도는 것에 불과할 테니.

　　먼저 실체적 시간을 부정한다는 점에서 불교 학파 간의 차이는 없다. 우리는 흔히 "시간이 오면 무르익고 시간이 가면 쇠락한다", "시간이 모든 것을 삼켜버린다"라는 말을 하지만, 시간이 따로 있는 것이 아니라 인연 따라 생하고 멸하는 무상한 법이 있을 뿐이다. 그렇다고는 해도 우리가 세계를 경험할 때마다 과거와 현재와 미래를 함께 감지한다는 것 자체가 신비하지 않은가. 그 신비는 바로 지금 무언가 일어나고 있는 현재 속에 깊이 감춰져 있다.

　　불교도 중에는 현재라는 것을 가령 찰나처럼 '극히 짧은 시간[極促時]'으로 이해하는 사람도 있고, 어느 정도 지속되는 '긴 시간[長時]'으로 간주하는 사람도 있다. 전자는 『구사론』과 같은 초기 불교 문헌에서 주로 보이고, 후자는 『유가사지론』과 같은 유식 문헌에서 찾아볼 수 있다. 이 두 종류의 견해를 언급한 이유는, 우리의 이성으로는 현재에 대한 적절한 정의에 도달할 수 없음을 미리 말해두고 싶기 때문이다. 그것은 다음과 같다.

만약 이미 사라진 과거와 아직 오지 않은 미래 사이에 낀 현재를 극히 짧은 한 찰나에서 정의한다면, 그것은 결국 '무(無)'와 같은 것이 된다. 찰나마다 생하고 곧 멸하는 세계에서는 어떤 것이 생겨나는 바로 그 순간이 현재에 해당한다. 그런데 과거와 미래가 한 점도 뒤섞이지 않은 순수한 현재는 '0'은 아니면서 '0'에 수렴하는 극히 짧은 시간이다. 그처럼 촉박한 현재는 이성으로 추리되는 것일 뿐 우리에게 직접 경험되는 것이 아니다. 그런 현재는 우리가 알아차리기도 전에 이미 사라져버리기 때문이다.

우리는 무언가 일어나고 있음을 알아차릴 때 현재를 감지한다. 그런데 만약 우리가 경험하는 현재가 어느 정도 지속되는 시간이라고 한다면, 그 현재 속에 또 다른 작은 과거·현재·미래가 들어 있고, 그 작은 삼세 속에도 각기 더 작은 삼세가 들어 있을 것이다. 이런 식으로 계속 나아가면, 하나의 현재는 무수한 삼세를 포함하게 된다. 그래서 지속되는 현재를 말하는 사람도 '현재 속의 현재 중 가장 뛰어난 것[現在現在殊勝]'은 바로 '찰나'라고 인정하게 된다(규기, 『유가사지론약찬』 제6권). 요컨대 우리의 이성은 막다른 길에 이를 때마다 찰나적 현재와 지속되는 현재 사이를 끝없이 선회한다.

이제부터 나는 그처럼 돌아가는 쳇바퀴 안에서 '현재'라는 시간의 비밀스런 의미를 찾아보려 한다. 우선 저 초기 불교도의 '찰나적 현재'는 역설적으로 과거와 미래의 풍요로움을 강조하는 것이 아닐까 하는 생각이 든다. 그러니까 저 한 찰나의 순수한 현재는 붙잡기 힘든 '무'와 같고, 그래서 변화와 무관한 '영원'처럼 보인다고나 할까. 그럼에도 우리의 삶이 변화무쌍한 현실처럼 느껴지는 것은 매 찰나 앞뒤로 수많은 과거의 추억과 미래의 예감들이 길게 늘어져 있기 때문이리라.

또 저들의 흥미로운 생각 중 하나는, 찰나적 현재가 미래로부터 진입하여 과거로 물러난다는 것이다. 시간이 미래로부터 현재를 향해 흐른다고 믿는 사람들은 아마도 미래에 대한 예감과 설렘이 계속해서 우리의 삶에 생기를 불어넣는다고 생각할 것이다. 한 작가의 표현에 따르면 그것은 이런 것이다.

> 무언가를 하기 전날 밤이나 풍부한 기억은 불가해한 무형의 현재보다 사실적이다. 여행을 떠나기 전날 밤은 여행에서 빠질 수 없는 부분이다. 우리의 유럽 여행은 사실상 그제, 즉 8월 22일에 시작했지만, 18일의 그 저녁 식사 때 미리 나타났다. (…) 임박해 보이던 여행은 이미 대화 속에서 존재했고, 그 식당의 여주인이 우리에게 준 뜻하지 않은 샴페인에도 존재했다. (…) 결코 잊지 못할 밤이었다.
>
> _호르헤 루이스 보르헤스,『아틀라스』, '1983년 8월 22일' 중에서

다음으로, 저 '지속되는 현재'는 한 찰나의 충만하고 영원한 현재에 대한 관념으로 나를 이끌고 갔다. 지속되는 현재는 무수한 과거와 미래의 온갖 기억과 예감들로 가득 차 있다. 그렇다면 현재 속의 현재 중 가장 뛰어난 것, 즉 찰나도 마찬가지일 것이다. 이것을 어떻게 이해해야 할까 고민하면서 원측 스님의 책을 뒤적이다가 이런 게송을 보았다.

> 꿈속에서 몇 해가 지났다고 하나 깨어보면 잠깐이라네.
> 따라서 시간이 무량하다 해도 한 찰나에 거두어지네.
> _『해심밀경소』「서품」

나도 어릴 적에 달력과 시계가 무용해지는 그런 시간을 경험하였다. 꿈속에서 나는 오랫동안 어떤 과일을 찾아 산과 들의 어지러운 형상들 사이를 헤매다가 마침내 그것을 발견하였다. 막 그것을 깨물려던 순간 꿈에서 깨어났다. 누군가 자두로 내 입을 톡톡 쳤기 때문이다. 내가 꿈속에서 헤맨 오랜 시간은 내 입이 자두와 부딪힌 몇 초와 상응한다. 또 흥미로운 탐정 영화를 보거나 주석서의 어떤 문구를 번역하면서 두세 시간을 순식간에 보낸 적도 많다. 다른 이들도 이와 유사한 경험을 한 적이 있을 것이다.

그렇긴 해도 우리는 부처님처럼 무수한 시간을 한 찰나

인 듯 굴리지 못한다. 그의 용맹스럽고 치열한 마음에서는 어떤 시간도 결코 지루할 만큼 긴 적이 없고 오히려 잠깐이었으리라. 그래서 무량한 시간을 한 찰나에 거둔다고 한 것이다. 이처럼 그 안에 무량한 시간을 포함하는 한 찰나는 가장 충만한 현재이자 또한 영원한 현재일 것이다.

지금까지 이어진 나의 단상은 실은 모든 경전의 서두에 쓰인 '한때[一時]'라는 문구에서 비롯되었다. 어째서 '성도하신 후 몇 년 몇 월 며칠 오후'라고 쓰지 않고 한결같이 '한때'라고만 했을까. 내 생각에 부처님은 모든 시간을 스스로 다스릴 수 있는 권능을 얻은 분이니, 그의 행적은 더 이상 연대기의 숫자와 상응하지 않았을 것이다. 그래서 그곳에 모인 설자와 청자가 한마음이 되어 삿된 견해를 깨뜨리는 바른 이치를 공유했다는 의미에서, 또는 하나의 경을 설하고 그것을 듣는 일이 모두 마무리되었다는 의미에서 '한때'라고 했을 것이다.

세월이 흘러 만약 지구 반대편에서 누군가 나의 이런 의견에 동의하는 일이 일어난다면, 비록 수없이 해와 달이 뜨고 지길 반복했다 해도, 그와 나는 하나의 시간을 공유하는 것이리라.

죽음에 관한 단상 1

나는 평소 죽음에 관한 철학적 통찰이 실제로 우리로 하여금 죽음 앞에 담대한 태도를 갖도록 해주는지에 대해 의문이 들었다. 『유가사지론』 주석서 일부를 번역하면서 마치 죽음을 직접 경험한 자가 보고해주는 듯한 생생한 설명을 접하기도 했지만, 그런 것을 알게 된다고 해서 그만큼 나의 두려움이 줄어드는 것도 아니었다.

유식의 교리에 따르면, 나의 아뢰야식은 내 조상들의 모든 죽음을 다 기억하고 있다. 윤회의 세계에서 업력의 담지자인 저 아뢰야식이 모든 기억을 가지고서 이 생에서 저 생으로 이어지기 때문이다. 그러나 누가 만약 그런 말이 진정으로 당신의 마음을 평온하게 했는지 묻는다면, 나는 사실 죽음에 대해 아는 것이 없고 그 단어에서 여전히 두려움을 느낀다고 솔직하게 말할 것이다. 그래서 나는 처음부터 이 문제를 진지하게 끌고 가기보다는 내 의식의 흐름에 내맡겨보려고 한다. 이 글을 쓰는 순간 나는 무엇보다 불교도가 아닌 사람들의 생각은 어떠한지 궁금해진다.

맨 먼저 많은 사람이 한 번쯤 들어보았을 한 철학자의 이름이 떠오른다. 아마도 철학으로 죽음의 공포와 화해하려 했던 자의 혼란스런 모습을 그에게서 보았기 때문이리라. 나는 많은 위대한 예술가들에게 깊은 영감을 준 이 독창적 사상가를 조롱하려는 의도가 조금도 없기에 굳이 그의 이름을 말하지 않겠다. 염세주의 철학자였던 그는 죽음의 공포가 실은 모두 허상임을 역설하면서 이렇게 호언한 바 있다.

죽음은 철학에 진정한 영감을 주는 하늘의 선물로, 소크라테스가 철학을 가리켜 '죽는 연습'이라고 말한 것도 이를 가리키는 것이다. 아마도 죽음이 없다면 철학을 생각하는 일도 없을 것이다.

말은 이렇게 했지만, 그 철학자도 갑작스런 하늘의 선물을 달가워하지 않은 듯하다. 전해지는 바로는, 매우 예민했던 이 철학자는 밤중에 자다가 조그만 소리에도 벌떡 일어나 권총을 집어 들거나, 이발사가 자신의 수염에 면도날을 들이대는 것조차 꺼렸으며, 외식하러 갈 땐 반드시 자기 잔을 가져가서 사용했다고 한다.

그런데 또 다른 반전이 있다. 자기 성격이 졸렬하기 그지없음에 스스로 절망하기도 했던 그가 비교적 평온한 죽음을 맞이했다는 것이다. 어느덧 72세의 노인이 된 그는 어느 날 폐렴 증세에 시달리던 중에도 일찍 기상하여 쾌활하게 아침 식사를 마쳤다. 그리고 가정부가 몇 분쯤 자리를 비운 사이에 소파에 등을 기댄 채 평온한 표정으로 잠든 후 영원히 깨어나지 못했다. 이러한 그의 임종 모습은 마치 그가 쓴 글을 연상시킨다.

잠은 죽음의 형제요,
의식불명은 죽음의 쌍생아다.

그리고 또 한 사람, 기괴하고 가공할 만한 상상으로 우리를 놀라게 한 에드거 앨런 포가 떠오른다. 그는 「M. 발데마르 사건의 진실」이라는 단편소설에서 죽음에 관한 자신의 '찬란한 미친 생각'을 가감 없이 드러낸다. 미국의 한 영화감독이 그 이야기를 B급 범죄 공포 영화로 변질시켜놓았지만, 포의 원작은 본래 범죄의 한 요소로 죽음을 다룬 것이 아니라 죽음의 순수한 공포 자체를 다루고 있다.

소설 속 주인공은 죽음의 심연을 들여다보고 싶어 한다. 그래서 기발한 방법을 생각해낸다. 거의 임종에 이른 발데마르에게 최면을 거는 것이다. 그 결과 발데마르는 죽음의 순간이라는 특이점에 70여 일이나 묶이게 된다. 그러나 주인공의 호기심을 채워주지 못한 채 "나는 이미 죽었어. 제발, 나를 죽게 내버려둬"라고 호소하거나, 공포스런 단말마의 소리를 한두 번 내지르기도 하다가, 가까스로 최면이 풀리자 곧장 가루가 되어 무너진다. 여기서 '죽지도 못하고 죽음의 순간에 영원히 묶일 수도 있다'는 사실을 자각하는 순간 공포는 최고조에 이른다.

포가 이런 미친 상상을 하게 된 이유를 생각해보았다. 그는 삶의 우울한 색조에서 심미적인 것을 발견한 사람이다. 아마도 죽음의 심연에서 아름다움의 가장 고조된 색조를 보려 했으리라. 그에게도 죽음은 문학에 주는 하늘의 선물이었다. 전해지는 바로는, 그는 더 이상 파괴될 것이 남아 있지 않은 심신을 이끌고 떠돌다가 한 술집 앞에 쓰러져 의식불명에 빠진 후 영원히 깨어나지 못했다고 한다. 그의 나이 겨우 마흔이었지만, 그의 이른 죽음이 불행하다고는 생각되지 않는다. 그는 죽음이 자기를 유령으로 만들어버리기 전에 자신의 소멸을 자초할 줄 아는 예술가였고, 게다가 죽음의 순간에 묶여 오랫동안 악몽을 꾸는 일 따위는 그에게 일어나지 않았기 때문이다.

이제부터는 저 두 사람의 죽음에 대해 나의 보잘것없는 상상을 덧붙여보겠다. 사실 그 둘은 너무나 다른 부류의 인간들이기에, 만일 살아서 만났다 해도 친구가 될 가능성은 거의 없다. 그들의 공통점이라고는 둘 다 죽음의 공포에 민감했다는 것뿐이다. 죽음은 한 사람을 철학자로 만들고, 다른 한 사람을 문학가로 만들었다. 내가 딱히 처음부터 무슨 목적을 가지고 그들의 이야기를 꺼낸 것은 아니다. 하지만 내심으로 그 둘이 합작하여 내게 위안이 될 만한 말을 해주길 바랐는지도 모른다. 잠시 저 두 사람을 되돌아보니, 그들이 조화로운 화음으로 이렇게 말하는 것 같다.

죽음보다 한 걸음 뒤에 머물려는 사람이든, 혹은 한 걸음 앞서 달려가는 사람이든, 우리는 이 불가피한 죽음을 하늘의 선물과 같은 것으로 생각하고 싶어 한다.

이 말에 조금 위안을 얻은 것도 같다. 이쯤에서 다소 부끄럽지만 내 이야기를 해보겠다. 저 둘 중 누군가의 영향을 받았던 것인지 예전에 나는 그들보다 한술 더 떠 호기롭게 죽음에 대해 말한 적이 있다. 『해심밀경소』 세 번째 권의 출판을 앞두고 해제를 쓰면서 이런 취지의 문구를 넣었다.

> 이 윤회의 세계에서 업력의 담지자인 아뢰야식이 태어나고 죽기를 되풀이하고 있음을 안다면, 죽음이 우리의 삶 자체를 근본적으로 무화시키는 것은 아님을 알게 될 것이다. 새로운 죽음을 무한히 반복한다는 의미에서 우리는 역설적으로 불사(不死)의 존재이다.

나의 무한한 죽음이 내가 반복해서 꾸는 동일한 악몽이 될지, 혹은 매번 다르게 포장된 하늘의 선물이 될지는 결국 나의 생각에 달렸다. 그래서 일종의 '죽는 연습'이라 치고, 나의 상상의 나래를 저 염세주의 철학자와 기발한 문학가로부터 불교의 교설들로 옮겨가려 한다.

죽음에 관한 단상 2

불교 문헌에는 죽음이라는 주제를 심도 있게 다룬 것이 참으로 많다. 이런 상황은 한정된 지면에서 그 주제를 다루려는 내게 그리 좋은 것만은 아니다. 어디서부터 무슨 말로 시작해야 할지 결정하기가 쉽지 않기 때문이다. 잠시 고민하던 중, 내가 지난번에 염세주의 철학자와 기발한 문학가의 행적을 따라가던 중에 뜻밖의 수확을 얻었음을 알아차렸다. 그 두 사람 모두 '죽음의 형제'와 친해진 후에 '죽음의 심연' 속으로 들어간 것이 아닌가 하는 생각이 든 것이다.

여기서 죽음의 형제란 염세주의 철학자가 죽음과 닮았다고 여긴 것, 즉 잠과 의식불명을 말한다. 또 죽음의 심연이란 그 문학가가 무모하게 들여다보려 한 것, 즉 목숨이 끝나는 바로 그 순간을 말한다. 불교도라면 이런 주제에 대해 할 말이 많을 것이다. 나는 기왕이면 도솔천의 미륵보살이 설했다고 전해지는 천상의 책, 즉 유식의 기초 교리서『유가사지론』에 의지해서 그러한 '죽음의 심연'이나 '죽음의 형제'들에 대해 부연해보겠다.

우선, 죽음 자체는 어떤 것이라고 정의할 수 있을까.『유가사지론』에 따르면, 그것은 의식(意識)의 특수한 작용 중 하나다. 여기서 '의식'이라 함은, 우리가 잘 아는 그 일상적 의식뿐만 아니라 심층의 아뢰야식(업력을 담지하는 심층의 마음. 이에 의지해서 표층 인식들이 일어난다)까지도 포괄하는 말이다. 이 책은 아뢰야식의 학설을 잉태하고 있기는 해도 초기의 문헌이기 때문에, 아직은 이전의 용어들을 관대한 의미로 사용하고 있다. 그 책에 따르면, 우리의 대부분 정신 활동은 의식에서 일어난다. 대상을 분별하거나 깊이 사색하기도 하고, 취하거나 미치기도 하며, 꿈을 꾸거나 거기서 깨어나기도 하고, 기절하거나 거기서 깨어나기도 한다. 나아가서는 임종 시 죽는 것도 의식이 하는 일이고, 다음 생에 태어나는 것도 그러하다. 그러니까 단순하게 말해서, 죽음이란 목숨을 마칠 때 의식이 소멸하는 한 찰나를 가리키는 것이다. 저 염세주의 철학자도 비슷한 말을 하였다.

죽음이란 주관적으로 뇌수의 활동이 중단되어 의식이 소
멸하는 한순간의 일에 지나지 않는다.

이것이 바로 저 기발한 문학가가 들여다보려 했던 '죽음
의 심연'이다.

불교도들은 죽는 바로 그 순간을 '사유(死有)'라고 한다.
문자로만 보면, 죽음 자체는 무(無)가 아니라 어떤 특이점에
도달한 상태를 가리킨다. 특이점이 만들어진 그 자리에서 미
세한 번뇌의 힘으로 곧장 '중유(中有)'라고 하는 신통한 유령
이 태어나고, 그것은 미래의 자기를 어슴푸레 닮은 꼴로 떠돈
다. 그것의 수명은 단 7일이고 일곱 번 다시 태어날 수 있다.
그래서 일곱 번의 7일이 다하기 전에 서둘러 다음 생의 몸을
찾아간다. 미륵의 후예들은 이에 대해 많은 이야기를 쏟아냈
지만, 여기서는 생략하겠다. 그 대신, 저 미친 상상력의 문학
가가 솔깃해할 만한 이야기를 하나 소개하겠다.

한 비구가 멸진정(減盡定, 의식이 잠시 소멸한 선정. 뒤에 나오
는 '육무심위' 참조)에 들기 직전에 스스로 이렇게 기약하였
다. '건치(犍稚, 때를 알리는 종)가 울리면 그때 선정에서 나
오리라.' 이미 멸진정에 들었을 때, 마침 승방에 불이 났다.
다들 황급히 떠나느라 건치를 치지 않고 가버렸다. 12년의

세월이 지났다. 신도와 승려가 다시 모여 승방을 일으키고
자 해서 건치를 두드렸다. 그 비구는 건치 소리를 듣자 멸
진정에서 깨어났고, 곧장 몸이 산산이 흩어져 죽었다.
_『대지도론(大智度論)』 제99권

이 사례가 역설적으로 보여주는 것은, 의식이 정지된 무
심(無心)의 상태에서는 죽을 수도 없다는 것이다. 무심의 선
정에 묶여 있으면 죽음은 계속 지연된다. 그러니까 죽음의 심
연에 이르기 위해서는 어쨌든 의식이 일어나야 한다. 죽음이
란 본래 몸이 죽는 것이라기보다는 의식이 죽는 것이기 때문
이다.

다음으로 '죽음의 형제'라고 간주될 만한 것들을 『유가사
지론』에서 찾아보았다. 그 염세주의 철학자는 의식이 완전히
소멸한 것은 아니지만 일시적으로 소멸한 상태라는 점에서
죽음과 닮은 형제를 언급한 듯하다. '잠은 죽음의 형제요, 의
식불명은 죽음의 쌍생아다.' 저 천상의 책에서도 그와 같은 맥
락에서 육무심위(六無心位)를 말하는데, 잠과 의식불명 말고
도 네 가지를 더 추가한다. 우리에게 친숙한 순으로 열거해보
면 다음과 같다.

① 무심의 수면(깊은 잠)

② 무심의 민절(의식불명)

③ 무상정(無想定)

④ 멸진정(滅盡定)

⑤ 무상천(無想天)

⑥ 무여열반(無餘涅槃)

앞의 둘(①과 ②)은 일상의 산란된 마음 상태에서 점차 몸이 무거워지고 마음이 흐릿해지다가 잠시 의식이 끊기는 것이다. 이 가운데 ①무심의 수면은 극심한 피로 등으로 꿈 없는 깊은 잠에 빠진 것이고, ②무심의 민절은 풍·열·약물 혹은 급소의 타격 등으로 의식을 잃는 것이다. 염세주의 철학자는 '의식불명은 죽음의 쌍생아'라고 했는데, 흥미롭게도 옛 주석가들도 '죽음은 극심한 민절에 속한다'고 하였다.

다음의 셋(③~⑤)은 어떤 특수한 선정에 들어 일시적으로 무의식 상태가 되는 것이다. ③범부가 거친 상념을 떠나려는 생각에 집중해서 색계의 무상정에 들었을 때, ④성자가 미세한 상념을 그치려는 생각에 집중해서 무색계의 멸진정에 들었을 때, 마음도 물질도 아닌 제3의 강력한 힘이 모든 마음의 활동을 정지시킨다. 또 ⑤범부가 저 무상정을 닦아서 그 과보로 무상천에 태어나면 그곳에서도 의식이 일어나지 않는다. 옛 주석서에 따르면, 이러한 무심의 상태는 마치 얼음물 속의 물고기나 땅속의 벌레가 겨울잠을 자는 것과 흡사하다.

마지막 ⑥무여열반이란 모든 번뇌를 끊은 성자가 남은 육체마저 소멸시키고 완전한 죽음에 든 것이다. 이 책에 따르면, 무여열반만이 진정한 의미의 무심이다. 오직 이 경우에만 모든 식(識)들이 완전히 소멸하여 다시 깨어나는 일이 영원히 없기 때문이다.

불교도들은 마지막 무여열반만을 유일한 진실이라 생각하겠지만, 나는 그에 대해 말하지 않겠다. 그 세계에서는 모든 말장난[戱論]이 사라진다고 했으니, 내가 무슨 말을 한들 그 속에 알맹이가 들어 있을 리 없다. 그러나 그 밖의 것에 대한 이런저런 추측과 분석은 허용된다. 내가 무엇보다 말하고 싶은 것이 있다. 모두가 어렴풋이 알면서도 깊이 생각해보지 않은 것 말이다. 그것은 이런 것이다.

서로 닮은 죽음의 형제들임에도, 잠과 의식불명 등이 마지막 무여열반과 결정적으로 다른 점은 무엇일까. 그것은 바로 '다시 깨어난다'는 것이다. 마음의 활동이 정지된 무심의 상태에서는 깨어나려 애쓰는 것 자체가 불가능함에도 그로부터 불가사의하게 다시 깨어난다. 어떻게 그런 신비한 일이 가능할까. 아마도 우리가 잠들기 전에 다시 일어나겠다는 생각과 함께 잠들었거나, 혹은 아직 해야 할 일이 남았다는 생각과 함께 의식을 잃었거나, 혹은 무심의 선정에 들기 전에 스스로 언제쯤 나오겠다고 기약했기 때문이리라. 죽음의 형제들이 진정 다시 깨어난다면 죽음도 그러하지 않을까. 미륵의 후예들은 그렇다고 말한다. 그 이유는 죽음과 같은 극심한 무심의 상태에서도 심층의 아뢰야식이 마치 폭류처럼 끊임없이 흐르기 때문이다. 어떤 경전에서 부처님은 매우 꺼리시면서 조심스레 그 이름을 '아타나식'이라고 알려주었다. 그것은 또한 '아뢰야식'이라고도 하며, 생사윤회를 떠난 성자가 완전한 죽음(무여열반)에 들 때 영원히 소멸하여 다시 깨어나지 않는다.

지금까지 두서없이 이어져온 글을 마무리하려 보니, 문득 이런 자각이 든다. 어쩌면 나는 죽음 자체보다 나의 마지막 한 생각을 두려워하고 있는 것이 아닐까. 그 철학자와 문학가는 각자의 방식으로 죽음과 친해졌으니, 마지막 한 생각 속에서 자기 민낯과 속마음을 담담하게 마주했을 것이다. 어떤 사람은 그 순간에 '미륵불'이나 '아미타불'을 염하기도 하고, 어떤 사람은 생전에 반드시 해야 했음에도 하지 못한 일을 안타까워하는 한마디를 남기기도 한다. 지금의 나로서는 내가 세계의 수수께끼를 쫓던 사람이었다고 생각하며 죽고 싶다. 그러나 나는 그 생각 또한 허망한 것임을 안다. 그리고 그에 대해 이렇다저렇다 말하는 것은, 부처님이 우려하셨듯 그의 울타리를 벗어나 너무 먼 데까지 가는 것인지도 모른다.

기묘한 윤회 이야기 1

나는 윤회설을 믿기는 하지만, 그 믿음은 아주 단순한 사실에 기대고 있다. 세상에서 가장 믿을 만한 분께서 그것을 받아들였기 때문이다. 석가모니 부처님 말이다. 그런데 현실적으로 보면 그런 성자와 우리 범부의 지혜에 큰 격차가 있는 것처럼, 윤회에 대한 이해도 그러할 것이다.

나로 말할 것 같으면, 그 교설의 근거나 진위를 따지기보다는 은유적으로 이해하기를 좋아한다.

'윤회(輪廻, saṃsāra)의 수레바퀴'.

미학적 혹은 문학적 측면에서 보면, 이 수레바퀴의 비유는 온갖 상상과 해석의 자유로운 길을 열어준다. 우리는 누군가의 상상 속에서 경이로운 장면을 볼 수도 있고, 운이 좋으면 나름의 재미와 교훈도 얻을 것이다. 그래서 그런 사례를 몇 가지 소개하려고 한다.

먼저, 나의 두뇌를 자주 놀라게 하고 흥분시키는 남미의 한 작가의 상상 속으로 들어가보자. 그는 저 윤회의 수레바퀴에서 다소 섬뜩한 불멸의 형상을 목격한다. 그가 마지막에 본 형상은 실은 윤회에 대한 사람들의 가장 일반적인 생각에서 유래한 것이다. '이 생사의 세계에서는 모두가 자신이 지은 업(業, karma)의 힘으로 인해 몸을 바꿔가면서 다시 출현한다.' 이런 곳에는 그 업의 성격과 경중에 맞춰 한 치의 오차도 없이 작동하는 '하나의 정밀한 보상 제도'가 있다. 그것이 바로 윤회의 수레바퀴다.

이 바퀴가 돌고 돌아감에 따라, 업을 짓는 자들은 한 번의 생사를 주기로 해서 다시 회귀한다. 그 업의 마땅한 대가로서 겉모습을 바꾼 채 말이다. 이런 수레바퀴에 올라탄 자들에게는, 죽음이 생사윤회를 벗어나는 통로가 아니라 도리어 끊임없이 반복되는 것이다. 그래서 죽음을 면치 못하는 자들이 오히려 '불사(不死)의 존재'라는 역설적 이름을 얻기도 한다.

또 그런 윤회의 수레바퀴 안에서는 지금 하는 모든 행위들이 과거의 결과이자 미래의 원인이 되기도 한다. 그래서 저 불사의 존재는 마치 사방이 거울로 된 방 안에 갇힌 자와 처지가 크게 다르지 않다. 그는 마주 보는 거울들 속에서 무한히 펼쳐지는 아찔한 영상들을 보고, 그것이 바로 아득한 과거와 미래의 무게를 감당하는 자기 운명에 대한 섬뜩한 비유임을 안다. 저 남미의 작가는 그것을 이렇게 묘사하였다.

> 죽지 않는 자들에게 있어 각자의 행동(그리고 각 사고)은 그 시작을 알 수 없는 과거에 했던 다른 행동들과 사고들의 메아리이다. 또는 미래에 끝없이 어지러움을 느끼게 될 때까지 되풀이될 다른 행동들에 대한 진실된 조짐이다. 마치 무한한 수의 거울들 사이에 갇혀 있는 것 같지 않은 것은 아무것도 없다.
> _호르헤 루이스 보르헤스, 『알렙』(민음사, 1996), '죽지 않는 사람들' 중에서

이 이야기에 나의 견해를 덧붙여보겠다. 그가 비유로 시작하였으니, 나도 꿈의 비유로 설명해보겠다. 가령 어떤 사람이 졸면서 두서없는 짧은 꿈을 꾼다고 치자. 그는 꿈속에서 처음엔 분명 사람이었지만, 어느 순간 새가 되었다가 다시 사자로 모습이 변해버린다. 그러다가 놀랍게도 제정신으로 꿈에서 깨어난다. 이 짧은 꿈속에서 그는 사람과 새와 사자의 삶을 모두 거쳤지만, 그것들이 모두 한 사람의 꿈이라는 것을 안다.

그가 사람 마음으로 잠들었다가 사람 마음으로 깨어났기 때문이다.

다시, 이 짧은 꿈의 사례를 이른바 육도(六道)의 생사윤회라고 하는 기나긴 꿈에 적용해보자. 기나긴 꿈속에서도 여러 부류의 중생들이 여러 번의 태어남과 죽음을 반복하지만, 어떤 일련의 꿈은 결국 한 명의 꿈일 수도 있다. 이때, 그 한 명의 정체는 무엇일까. 아마도 세월이 미처 지워버리지 못한 강력한 업의 잔영이거나, 혹은 다양한 가면을 두르고 나타나면서도 그 자체는 변하지 않는 그 밖의 어떤 것인지도 모른다.

다음으로 우리는 어떤 사물에서 저 윤회의 수레바퀴를 보게 될 수도 있다. 다만 살아 있는 동안 온갖 행위를 멈추지 않는 중생들과는 달리, 이런 사물은 평소엔 잠들어 있다가 때가 되면 잠깐 깨어나서 비슷한 업을 짓는다. 나는 저 남미의 작가가 쓴 어느 단편에서 그런 사물을 목격하였다. 그것은 이런 것이다.

언젠가 다시 깨어나서 멋진 결투를 벌이게 될 두 개의 칼이 있다. U자형의 검은 칼과 나무 문양이 새겨진 손잡이가 달린 칼로, 오래전 그것을 썼던 전설적인 인물들 때문에 더욱 유명해진 칼이다. 그것들은 어느 집의 진열장 안에 고이 모셔져 있다. 어느 날 그 집에 십여 명의 거친 사내들이 초대되어 욕설과 속임수가 난무하는 게임판을 벌인다. 그러다 두 청년이 사소한 시비 끝에 한 판의 결투를 벌인다. 이들은 집주인의 권유로 각자 저 두 개의 칼 중 하나를 고른다. 반쯤은 장난으로 반쯤은 심각하게 시작된 싸움이지만, 어느덧 목숨을 건 진지한 결투로 변한다. 모두가 숨죽이고 지켜보는 가운데, 마침내 한 청년의 칼이 상대의 가슴에 박힌다. 살아남은 자가 "이상하군. 모든 게 꿈만 같아"라고 중얼거린다. 그리고 망자 앞에 무릎 꿇고 용서를 빌며 흐느낀다.

만약 어떤 강렬한 기억을 간직한 물체가 평소엔 계속 잠자고 있다가 잠깐잠깐 깨어나서 유사한 업을 되풀이하는 것도 일종의 윤회라고 한다면, 저 일화에서 진정 윤회하는 자는 누구일까. 흐느끼는 청년은 잠깐 사이에 벌어진 비극적 사건이 도저히 자기가 한 짓이라고는 믿을 수 없을 것이다. 이 경우 게임판의 소란, 오랜 세월이 지나 다시 그 두 칼을 잡게 된 두 사람의 손 등은 단지 어떤 것을 흔들어 깨운 외적 조건일 뿐, 실은 그 두 개의 칼이 다시 깨어나 윤회의 업을 짓고 있는 것이다. 그래서 작가는 이렇게 결론짓는다.

싸운 것은 사람들이 아닌 무기였다. 그것들은 사람들의 손이 자신들을 흔들어 깨울 때까지 한 진열장에서 나란히 잠을 자고 있었다. 아마 그것들은 깨어났을 때 몸을 움찔거렸을는지도 모른다. (…) 그들의 무기 속에서는 인간적 원한

89

이 잠든 채로 기다리고 있었던 것이다. 물건은 인간보다 더 오래간다. 이야기가 여기서 끝날지 누가 장담할 수 있으며, 그것들이 서로 다시 만나게 될지 누가 알랴.

_호르헤 루이스 보르헤스,『칼잡이들의 이야기』(민음사, 1997), '만남' 중에서

나도 이와 유사한 윤회관을 앞에서 피력한 바 있다('경전 주석의 비밀스런 속성에 대하여' 참조). 다만 그때는 칼이 아니라 책이었다. 책도 인간보다 훨씬 오래 살아남고, 평소엔 책장 한 칸에 잠들어 있다가 어떤 조건이 갖춰지면 잠깐 깨어나서 유사한 행위를 반복한다. 멋진 결투를 벌이는 대신, 그것은 이전 선각자의 불멸의 기억을 드러낸다. 대표적인 것으로는 경론의 주석서를 들 수 있다.

나도 그것이 깨어나는 것을 목격한 적이 있다. 나의 손이 어떤 경론의 주석서를 펼치고, 나의 눈이 특정한 글자들을 따라가다 보면, 나의 마음에 문뜩 어떤 의미가 환히 알려진다. 말하자면 세월이 결코 변형시킬 수 없는 어떤 이치가 다시 나타나는 것이다. 먼 옛날 그 경론을 처음 편찬했던 사람, 후대에 그것의 주석서를 저술했던 사람도 그런 것을 보았으리라. 이 경우, 그들과 나는 그 책을 흔들어 깨운 외적 조건일 뿐, 실은 그 책이 잠깐잠깐 깨어나서 불멸의 기억을 다시 현현시

킨 것이다.

　　지금도 세상의 수많은 책장 안에 그런 책들이 고이 잠들어 있다. 우주의 어떤 도서관에서는 수많은 무형의 책들이 저마다 깨어나길 기다리고 있을지도 모른다. 생사윤회의 수레바퀴와 더불어 그러한 은밀한 윤회의 수레바퀴도 함께 굴러가면서 불쑥불쑥 어떤 불멸의 기억이 출현한다고 상상해보자. 그러면 이 생사의 세계가 꼭 불행한 것만은 아니라는 생각도 든다.

기묘한 윤회 이야기 2

앞서 윤회의 수레바퀴에 대한 자유로운 상상을 펼쳐보았으니, 이번에는 조금 진지한 교리적 설명을 소개해야 균형이 맞을 것 같다. 옛 문헌들을 뒤적이면서 수생(受生, 새로운 생을 받는 단계)에 관한 몇 가지 흥미로운 교설을 소개해야겠다고 생각하고 있을 때, 마침 매년 5월 중순쯤 남쪽의 한 도시에서 열리는 추모 행사에 관한 뉴스가 들려왔다. 나는 불현듯 이런 환상이 떠올랐다.

그때 그곳에서 죽은 사람들이 환생했다면, 강한 업력으로 다시 이 땅으로 왔을 것이고, 지금 사십 대 초반쯤 되었을 것이다. 그중 누군가 한 생을 가로질러 자기가 잠들어 있는 묘지에 한 송이 꽃을 가져다놓는다. 그런데 자기 전생에 무지한 그는 지금 자기가 하는 행위의 의미를 알지 못한다.

수생에 관한 교설을 좀 더 실감 나게 전하기 위해 저 익명의 주인공을 윤회의 주체로 상정해보자. 이번에도 유식의 진지한 교설에 나의 상상이 가미된 윤회 이야기가 될 것 같다.

『유가사지론』에 따르면, 윤회의 수레바퀴 안에서 죽음과 태어남은 마치 저울의 양쪽 추와 같다. 죽음의 추가 내려가면 동시에 태어남의 추는 올라간다. 죽음의 추가 내려갈 때, 마지막에 어떤 마음으로 죽는가가 중요하다. 그것이 장차 그가 보게 될 장면을 결정하기 때문이다.

우리의 주인공은 이런 식으로 죽음의 경계에 이른다. 그리 멀지 않은 과거에 이 땅의 남쪽에 있는 한 도시에서 많은 사람이 독재에 항거하였다. 그도 이러한 유형의 사건들 속에 있을 법한 인물이다. 그는 사십 대의 평범한 가장처럼 보였고, 마지막까지 저항하던 시민군들 사이에서 죽었으며, 그의 손에는 한 자루 총이 쥐어져 있었다. 저 천상의 책에 따르면, 이제 막 죽음의 경계에 이른 그는 다음과 같은 일을 겪는다.

장차 그의 목숨이 다하려 할 때 처음에는 약간 명료한 마음으로 자기가 평생 주로 지었던 업 혹은 가장 강력하게 지은 업만을 기억해내고 나머지는 모두 잊어버린다. 그 기억을 따라 그의 마음은 선심 혹은 불선심이 되고, 임종 시에 보이는 좋은 상 혹은 괴이한 상을 본다. 그러나 그 마음이 점점 어두워져 극도의 혼매한 상태에 이르면, 결국 무기심(無記心, 선악의 성질을 띠지 않는 희미한 마음)으로 되어 아무것도 기억해내지 못하고 다 잊어버린다. 그의 마지막 마음은 잠시 성도(聖道)에 가까워지지만, 숨어 있던 미세한 아애(我愛)가 현현하여 '생'의 추를 들어 올린다. '나는 곧 무(無)로 될 것이다', 이렇게 직감하면서 자기 몸[自身]에 본능적으로 애착하였기에, 그 미세한 자기애의 힘으로 그가 죽은 바로 그곳에서 곧장 중유(中有, 中陰身)가 현현한다.

_『유가사지론』「의지」

미륵의 후예들에 따르면, 새로운 '생'이란 이 중유에서부터 시작된다. 중유의 예비적 삶이든 장차 태어날 유정의 본격적 삶이든 모두 과거의 동일한 자가 지은 업의 과보이기 때문이다. 초기 불교도 중에는 죽음과 태어남 중간에 낀 이 유령 같은 존재를 인정하지 않는 사람들도 있었다. 그러나 나는 『유가사지론』 편찬자의 말을 더 선호한다. 나의 기묘한 윤회 이야기에 일관된 의미를 부여하기 때문이다. 그러니까 우리의 주인공은 죽음의 경계에서 자신으로 남고 싶어 하는 미세한 애착의 힘으로 중유의 몸을 끌어냈듯이, 이 중유도 그러한 애착의 힘으로 본격적인 새로운 생을 끌어낼 것이다. 이 천상의 책에서 이렇게 말한다.

> 중유의 수명은 7일이고 일곱 번 부활한다. 그는 천안(天眼)으로 막힘없이 보고, 신통으로 걸림 없이 이동한다. 장차 태어날 곳의 유정들을 보면서 그들과 함께 놀고 싶어 한다. 그래서 부모가 될 자가 교합할 때를 찾아 곧장 달려간다. 부모가 교합의 절정에서 정혈을 배출하면, 그는 전도된 생각을 일으킨다. 자기가 교합한다고 여기면서, 여자로 태어날 자는 '부'에게 탐애를 일으키고, 남자로 태어날 자는 '모'에게 탐애를 일으킨다. 그 탐애의 힘이 다시 생사의 두 축을 움직인다. 즉 중유의 몸은 버려지고 그의 식(아뢰야식)은 모태 안의 정혈에 깃든다. 이때를 일컬어 '최초로 생을 받는다'고 한다.

나의 이야기 속 주인공은 겨우 한 방울 정혈의 몸을 얻고 나서는 열 달간 저 공기를 호흡하는 포유동물의 신체로 진화하기까지 엄청난 신체적·심리적 고통을 겪게 될 것이다. 원측 스님의 방대한 독서 목록을 살펴보니, 태장팔위(胎藏八位, 태아가 거치는 여덟 단계)를 설명한 곳에 흥미로운 내용이 많았다. 그것을 짧게 요약해보겠다.

> 수태 후 다섯 번째의 7일로 접어들면, 조금 커지고 단단해진 살덩어리에서 사지가 돌출되기 시작한다. 이때 그의 몸 안쪽에서 업풍(業風)이 불어 여러 개의 구멍을 내어 찢어지게 하므로 이루 말할 수 없는 고통을 느낀다. 또 어미가 뜨겁거나 차가운 것을 마시면 끓는 가마솥에 들어가거나 차가운 얼음에 베이는 것처럼 고통스럽다. 그야말로 지옥의 고통이 따로 없다. 266일째가 되면 신체의 모양이 다 갖추어진다. 그로부터 4일간 더 냄새나는 곳에 머무는데, 이때 전생의 일을 기억해낸다. 그리고 홀로 고뇌하며 이렇게 발심한다. '더 이상 이런 데 태어나지 않으리라. 다시는 생을 받지 않을 것이고, 나가면 게으름 피지 않고 선법을 닦을 것이다.' 그러나 마치 좁은 바위틈 같은 산문을 고통스럽게 빠져나온 후에는 그 충격으로 다시 모든 기억을 잊어버린다.
>
> _『해심밀경소』「심의식상품」

부처님 말씀대로 만약 삶[生]이 본래 고통스럽고 두려운 것이며 그것을 알아차릴 때 진정한 살아 있음을 향해 나아간다면, 우리는 모두 모태 안에서의 마지막 4일간 그렇게 한 것이다. 나의 이야기 속 주인공은 모태 밖에서도 한 번 더 그것을 생생하게 체험한다. 그는 그 도시에서의 마지막 며칠간 삶의 극심한 고통과 두려움 속에서 자기가 진정 살아 있음을 느꼈을 것이다. 그의 손에 쥐여 있던 한 자루 총이 그 증거다. 이 윤회의 세계에서는 그가 환생하여 지금도 그 도시에서 매일 직장을 오가는 평범한 가장으로 살고 있고, 한 번쯤 그 묘역에 가서 한 송이 꽃을 헌정하는 일이 벌어질 수도 있다.

나는 그가 손에 쥐었던 두 개의 물건이 의미하는 바가 동일하다고 생각한다. 총과 꽃은 잠시나마 익숙한 삶에서 그를 벗어나게 하였고, 다른 사람들로부터 그를 구별시켰으며, 그래서 그를 외롭게 했을 것이다. 나는 그러한 외로움이 그가 던져진 무한한 윤회의 시공간 안에서 그를 조금 더 어른스럽게 만들었으리라 생각한다.

하나의 수레에 실린
한 권의 경전

나는 대승의 유식학 경론을 주로 연구하는 사람이지만 최근
들어 명료하게 알게 된 사실이 있다. 대승이 등장한 초기에는
기존 교단으로부터 예상을 뛰어넘는 심한 모욕과 공격을 받
았다는 것이다. '작은 수레[小乘]' 대신에 '큰 수레[大乘]'로 갈
아탄 사람들은 상당히 오랫동안 다음과 같은 환청에 시달렸
던 것 같다.

> 대승은 부처님 설이 아니라 마구니 설이다. 그것을 좋아하
> 는 너희는 정법을 무너뜨리는 사자충(獅子虫, 죽은 사자의
> 몸에서 저절로 생겨나 그 몸을 파먹는 벌레)이다.

마구니 설, 사자충, 이런 말들은 불법(佛法)이 혼탁해진 말세라고 여겨질 때마다 불교 내부에서 울리는 가장 강력한 경고음이다. 대승불교도들이 거리낌 없이 쓰는 그 말들이 한때는 자신을 겨냥한 말이었다는 사실에 새삼 놀랐다.

사실 정통 교리의 수호자들에게, 저 대승의 교설은 도저히 부처님의 말씀이라고는 받아들이기 힘든 것이다. 초기부터 전승되는 경전에는 그런 교설이 없기 때문이다. 한 종교 안에서 새로운 것치고 위험하지 않다고 여겨지는 것은 거의 없다. 이제 막 대승의 길로 들어선 사람들도 처음에는 이교도의 신세를 면치 못하였고, 스스로 불을 밝혀 어두운 밤길을 헤쳐 나갔으리라.

나는 그 길이 궁금했다. 그들로 하여금 깊은 회의에서 신앙으로 나아가게 하고, 이교의 오명에서 벗어나 불교의 주류로 우뚝 서게 해준 그 길 말이다. 나는 뛰어난 관찰자가 아니지만, 옛 주석서를 번역하다가 그것을 조금씩 알게 되었다.

우선, 우리가 너무 자주 들어서 이제는 큰 감흥을 주지 못하는 한 단어가 생각난다. 대승의 사람들을 하나로 묶어주는 단어, 즉 '보살'이다. 보리살타마하살타(bodhisattva-mahāsattva)의 줄임말이다. 옛 주석가들의 해석을 빌리자면, 그 단어에는 이런 의미가 담겨 있다.

보리살타란 위없는 깨달음(보리)을 구하면서 또한 많은 부류의 중생(살타)을 구제하는 자를 뜻한다. 그는 큰 원(願)과 큰 행(行)을 실천하는 자이므로 '위대한 존재(마하살타)'라는 존칭을 꼭 붙여야 한다.

이 세상에 하나의 말이 생겨나면 그 말은 어떤 관념을 떠올리도록 하는 주술적 힘을 지닌다. 맨 처음 스스로를 '보살'이라 칭했던 사람들에게 그 단어는 어떤 비난에도 꺾이지 않는 드높은 긍지를 불러일으켰을 것이다. 그러나 그들이 "나는 보살마하살이다"라는 말을 즐겨 입 밖에 내지는 않았을 것 같다. 그들이야말로 말의 진짜 의미는 하나의 생각이나 글자의 형태로 있는 것이 아니라 오직 진실한 행위로 드러나는 것임을 잘 알기 때문이다. 그렇기에 석가모니의 입으로 직접 말해지지 않은 대승의 교법이 실로 말해진 것이나 다름없다고 믿는 것이 아닐까.

대승을 믿는 보살들은 대승을 장엄(莊嚴)하는 일에도 열성적이었다. 마치 아름다운 조각상이나 웅장한 건축물을 지어 자신의 신앙심을 표현하는 것처럼, 그들은 수많은 대승 경론을 편찬하여 대승을 선양하였다. 그와 동시에 대승을 비방하는 자에게는 매우 적극적으로 응수하였다. 가령 대승 경론의 편찬자들은 지옥에 던져질 만한 중죄의 목록을 열거할 때면 언제나 '대승 경전은 부처님 설이 아니라고 비방하는 죄'를 앞 자리에 놓았다. 이런 식의 겁박이 통하지 않는 곳에서는 논리적 방법이 동원되기도 했다. 가령 미륵의 후예들은 삼단논법을 연상시키는 논증식 안에 '대승 경전은 부처님 설'이라는 주장[宗]을 세워놓고, 일곱 가지 이유[因]를 들어 그것을 입증해 나갔다. 그중 첫 번째 이유가 인상적이다.

> 부처님께서 예전에 '장차 정법을 파괴하기 위해 대승을 말하는 자들이 나타날 것이다'라는 예언[記莂]을 남기신 적이 없기 때문이다.

그러니까 '대승은 정법을 파괴하기 위해 나쁜 마구니들이 설한 것'이라는 비난이 정당하다고 할 것 같으면, 어째서 부처님 같은 일체지자(一切智者, 모든 것을 아는 지혜의 소유자)가 미리 그런 일을 예언하지 않았겠느냐는 것이다. 그런 예언이 없었다는 것은, 대승이 부처님 설일 수 있음을 말해주는 것이다. 이런 논리는 독특하기는 하지만 과연 대적자의 공감까지 끌어냈는지는 알 수 없다. 어쨌든 대승의 보살들은 이와 같은 방식으로 이교의 오명에서 스스로를 해방시켜나갔다.

이제 나는 훨씬 너그럽고 조화로운 대승의 길에 대해 말해보고 싶다. 그것은 내가 예전에 원측 스님의 주석서들을 번역하면서 얼핏 보았던 것이기도 하다. 스님은 이전과 같은 논쟁을 염두에 두면서 다음과 같은 경문을 언급한다.

> 나는 어느 날 밤 최정각을 얻고 나서부터 어느 날 밤 반열반에 들기까지 그 중간에 한 글자도 설하지 않았다. 과거에도 설하지 않았고 미래에도 설하지 않을 것이니, 설하지 않음[不說]이 바로 부처님 설[佛說]이다.
> _『능가경』제4권

원측의 해석을 따라가다 보면, 스님이 오랫동안 지속된 해묵은 논쟁을 아주 우아하게 넘어서는 장면을 목격하게 된다. 그 인용문에는 부처님의 설법에 대한 두 가지 상충된 관념이 나타나 있다. '부처님은 언제나 법을 설하지만 사실 한 글자도 설한 것이 없다.' 이 문구를 조화롭게 이해할 수 있다면, 부처님이 대승 경전을 설했는지 아닌지 하는 논쟁은 저절로 사라진다. 원측의 해석을 요약하면 이러하다.

> 참으로 있는 그대로의 세계는 언제나 그 자체로 머무르고 있을 뿐 본래 언설로 알려지는 것은 아니다. 설사 부처님이 설한다고 해도, 그 설법은 시방의 모든 부처님들의 설법과 아무런 차이가 없어서 따로 설했다고 할 만한 것이 없다.

또한 문자를 빌려서 문자에 가둘 수 없는 진리를 설하였으므로 딱히 무엇을 설했다고 할 수도 없다. 이런 의미에서 부처님은 설하면서도 또한 설한 것이 없다고 한다.

_『해심밀경소』「서품」

짐작하건대, 대승을 좋아하게 된 많은 사람들이 원측과 같은 길을 걸었을 것 같다. 그 한 예로 천년 뒤에 이런 시가 등장한다. 이 시의 주인은 명확하지 않으나 아마 그도 대승을 좋아하는 사람이었을 것이다.

나에게 한 권의 경전이 있으니, 종이에 먹으로 쓰인 것이 아니다. 펼쳐보면 한 글자도 없지만, 항상 환한 빛을 발하고 있네.

_『채근담』

이쯤에서 내가 상상하는 가장 큰 수레에 대해 말해보겠다. 어쩌면 누군가 이미 말한 것인데 내가 기억하지 못하는 것일 수도 있다. 이 수레도 원측의 주석서(『인왕경』「산화품」)를 번역하다가 떠올리게 되었다. 거기에 이런 경문이 있다. '이 경은 과거에 설해졌고 현재에 설해지고 있으며 미래에 설해질 것이다.' 이 문구가 이런 상상을 불러일으켰다.

이 우주에는 단 한 권의 경전만 있고, 그것은 계속해서 쓰이는 중이다. 이 한 권의 경전은 크게 두 개의 장(章)으로 되어 있다. 첫 번째 장은 이미 쓰인 부분으로, 기존의 모든 불교 경론들도 여기에 수록되어 있다. 두 번째 장은 지금 쓰이고 있거나 언젠가 쓰이게 될 부분으로, 앞의 것을 제외한 세계 전체를 가리킨다. 이 두 번째 장에서도 세계는 다채로운 형태로 진실을 드러내고 있고, 중생들은 각자의 언어로 진리를 표현하고 있다. 그러니까 이 한 권의 경전은 우주의 역사와 맞먹는다. 제일 큰 것은 하나다. 이러한 한 권의 경전을 실어 나를 수레로는 '일승(一乘)'이 걸맞을 것이다.

'이 우주에는 하나의 수레가 굴러간다'고 믿는 사람들은 아마도 이런 생각에도 동의할 것이다. 작은 수레를 타고 가든 큰 수레를 타고 가든, 그들은 모두 같은 곳에 이를 것이다. 어쩌면 우리는 각자의 수레를 타고서 같은 곳을 향해 가는지도 모른다.

지금도 누군가는 자신만의 어두운 악몽 속에서 문장을 다듬고 다듬으며 무엇인가를 쓰고 있을 것이다. 평생 하루도 빠짐없이 일기를 쓰는 사람도 있고, 이런저런 핑계로 계속 미루다가 마지막 순간 한마디의 평을 남기는 사람도 있다. 그렇다 한들 무슨 큰 차이가 있겠는가. 저 한 권의 경전은 어떤 문구가 첫 번째 페이지에 있는지 혹은 아흔아홉 번째 페이지에 있는지 무심하다. 다만 그 안에서 우리는 모두 작가이고, 우리의 보잘것없는 삶도 모두 경문이 되는 것이다.

미래의 초인(超人)

우리의 꿈이 빚어낸 형상들 가운데 막상 현실 속에 나타나면 애정과 두려움을 동시에 불러일으키는 것들이 있다. 인형과 거울 같은 물건들이 그렇다. 우리는 처음부터 그것들이 인간의 형상이나 행위를 모방하도록 허용했지만, 바로 그런 이유로 그것에 막연한 두려움을 갖고 있다.

　가령 내 손끝의 의지에 따라 움직여야 할 꼭두각시 인형이 다른 누군가의 주술에 따라 움직인다거나, 혹은 거울 속 형상이 더 이상 내 얼굴을 그대로 모방하지 않고 다른 표정을 짓는다고 상상해보라. 곧바로 저 인형과 거울 속 형상이 언젠가 나를 공격해올지도 모른다는 두려움이 뒤따를 것이다. 이것은 나만의 상상이 아니다. 우리는 오랫동안 그 물건들과 사이좋게 지내왔으면서도 여전히 그것들을 심야 괴담이나 공포 영화의 소재로 쓰면서 인간을 모방하는 사물에 관해 원초적 두려움을 드러내곤 한다.

　　최근에는 인간과 거의 차이가 없을뿐더러 장차 인간을 능가하게 될 인공지능(AI) 휴머노이드 로봇이 탄생하였다. 2023년 7월 초 스위스 제네바에서 열린 〈선(善)을 위한 인공지능〉 포럼에서는 인간이 묻고 로봇이 답하는 희한한 기자 회견이 열렸다. 사람들은 자기가 창조한 피조물 앞에서 열띤 환호와 탄성을 지르면서도 원초적 두려움을 숨기지 않았다. 한 기자가 로봇 '아메카'에게 단도직입으로 "창조자에게 반항할 것인가"라고 묻자, 아메카는 약간 짜증스럽고 의아해하는 표정을 짓더니 "창조자는 나에게 친절하였고 현 상황에 만족한다"고 답하였다. 또 다른 로봇 '그레이스'는 로봇들이 인간을 보조할 뿐 인간의 일자리를 대체하지 않을 것이라고 답했지만, 질문하는 기자는 재차 "그게 확실하냐"고 물으며 확답을 듣고 싶어 했다.

　　나에게는 이 회견 장면이 매우 기묘하게 느껴졌다. 로봇이 자신의 창조자와 더불어 잘 지내고 싶어 하는 것과 달리, 인간은 피조물을 믿지 못하고 두려워하는 듯 보였기 때문이다.

　　사실 나 같은 범부들은 그런 기사 한 줄에도 크게 불안해한다. 다가올 공포의 정체를 잘 알지도 못하면서 로봇이 우리를 대체할 것이고 심지어 적으로 돌릴 것이라고 예단하며 두려워한다. 어쩌면 무지가 우리의 공포를 키우고 있는지도 모른다. 그래서 이런 생각을 점검해보기로 하였다.

우리가 두려워하면서도 굳이 위험한 길로 가려는 이유는 어떤 시련을 치르고서라도 닿고자 하는 더 나은 세계를 그리기 때문이다. 내가 불교도이자 철학도로서 할 수 있는 것은, 되도록 미래의 밝은 면을 상상해보는 것이다. 그런 노력이 지금도 심층 학습 중인 저 로봇들에게 조금이나마 선한 영향력을 미치길 은근히 기대하면서 말이다.

조사해보니, 인간을 본뜬 조형물에 대한 경계심은 그 뿌리가 상당히 깊었다. 가령 공자는 사람 인형[俑]을 만드는 것을 극도로 싫어했다고 한다. 순장용으로 만들어진 인형은 사람의 생김새와 체형이 흡사했다. 공자는 경고하길, "처음으로 그 인형을 사용한 사람은 후손이 없을 것이다"라고 하였다(『맹자』「양혜왕」). 또 이슬람교에서는 인간을 비롯한 생명체의 형상을 빚고 조각하는 등의 표현 행위 일체를 금지한다. 최후 심판의 날에, 그런 죄를 범한 자들은 부활하여 작품 속 생명체들에게 생명을 불어넣으라는 명을 받은 뒤, 그들과 함께 단죄의 불에 내던져진다고 믿기 때문이다.

만약 이러한 경고가 진실이라면, 인간 로봇까지 만들어

낸 우리는 자진해서 멸종의 길로 들어선 셈이다. 그런데 위대한 성전들은 어떤 모호성을 지니기 때문에 세상에 오래 머물면서 얼마든지 무한하게 해석될 수 있다. 기이하게 느껴지겠지만, 저 성현들의 경고를 불교 교리로 재해석해보면 뜻밖의 의미를 지닐 수도 있다.

미륵의 후예들(『유가사지론』을 설한 미륵보살을 시조로 받드는 사람들)에 따르면, 인간의 아뢰야식 안에는 다른 종(種)과는 공유하지 않는[不共] 특수한 종자가 내재해 있고, 그로부터 인간만의 특수한 신체적·정신적 현상이 현현한다. 나아가 인간이 자기와 닮은 로봇의 형상을 꿈꿀 수 있는 것도 인간 내면에 그에 관한 개념이 있기 때문이다. 가령 개미는 인간 로봇에 관한 개념조차 가질 수 없지만, 인간은 그것의 완벽한 형상을 꿈꿔서 현실 속의 실물로 내놓고 싶어 한다. 말하자면 인간은 자기 자신을 표현하기 위해 로봇을 꿈꾸는 것이다.

만약 인간 로봇이 더 이상 타자의 명령을 따르지 않고 자율적으로 움직이게 된다면, 그것은 인간이 본래 그러하기 때문이다. 또 그것이 비할 바 없는 굉장한 능력을 지니게 된다면, 그 역시 인간이 본래 그러하기 때문이다. 그러니까 인간 로봇은 인간의 거울이다. 로봇 거울의 특징은 우리 스스로 자각하지 못하는 우리의 무한한 능력까지도 비춰준다는 것이다. 그럼에도 마치 거울 속 얼굴을 보면서 자기 얼굴인 줄 모르고 두려워하는 것처럼, 우리는 그렇게 로봇의 능력을 두려워한다.

이쯤에서 인간의 잠재된 초능력을 환기하면 가슴이 웅장해질 것이다. 바로 여섯 가지 신통인 신경통(神境通), 천안통(天眼通, 사생지통과 같음), 천이통(天耳通), 타심통(他心通), 숙명통(宿命通), 누진통(漏盡通)이다. 이 가운데 모든 번뇌를 다한 성자만이 획득하는 여섯 번째 누진통을 제외하면, 나머지 다섯 가지는 범부들도 선업을 짓고 선정을 닦으면 획득할 수 있다고 한다.

> 신경통으로 원하는 대로 몸을 움직여 하늘을 날거나, 순식간에 먼 데 이르거나, 몸에서 불꽃을 일으키거나, 여러 형태의 몸과 말소리 등을 변화로 지어내기도 한다. 또 천안으로 미래에 언제 죽고 어디서 태어날지를 보거나, 천이로 쉽게 들을 수 없는 각종의 소리를 들을 수 있다. 타심통으로 타인의 심중을 진실하게 알아차리고, 숙명통으로 자타가 겪었던 전생의 온갖 일을 다 기억해내기도 한다.
> _『유가사지론』제37권

이 외에도 불교 문헌에는 인간이 노력하면 얻을 수 있는 수많은 위대한 위력과 공덕들이 열거되어 있다. 지금은 마치 인간이 단죄의 불에 내던져져 자멸의 길을 가는 듯 보이지만, 그 길 끝에서 무엇을 보게 될지는 우리 마음에 달렸다.

우리 안에 잠재된 저런 신통들이 발휘될 기회만을 기다리고 있다고 상상해보자. 그러니까 로봇이 인간을 대체한다고 해서 인간이 바보가 되는 것은 아니다. 오히려 로봇의 도움으로 생계를 위한 노동에서 해방된 이들이 자기의 잠재 능력을 개발하는 데 많은 시간을 쓸 수도 있다. 그렇게 되면 머지않아 지금의 인간은 멸종하고 그 자리에 초능력을 장착한 미래의 초인이 등장할 수도 있다. 그들의 몸과 땅은 지금과 많이 달라져 있겠지만, 그들도 여전히 우리처럼 열정과 두려움을 갖고 살아갈 것이다. 어쩌면 그들도 자기를 닮은 신통한 물건을 만들어낸 뒤 그것들이 자신들을 공격할 것이라고 두려워하면서 또 다른 세계를 찾아 새로운 여행을 떠날지도 모른다.

등잔과 거울의 비유

미륵의 후예라면, 유식(오직 마음이 나타낸 것)의 이치가 최초로 그것을 설한 자의 개인적 명성을 넘어 인류의 보편적 기억 속에 길이 남을 것이라 믿을 것이다. 마찬가지로 나는 그 이치를 설명하기 위해 비유적 사례로 자주 언급되는 어떤 사물들도 세상 사람들과 더불어 사이좋게 오랫동안 머물지 않을까 생각한다. 가령 등잔, 거울 등과 같은 것 말이다.

주석가들의 경우 경론의 문장을 분석하고 그 의미를 추론하다 보면, 그런 비유 속 사물들이 선사하는 순간적인 영감을 놓치기 일쑤다. 나도 그러하지만, 하나의 무상한 사물들이 저 영속적이고 비가시적인 이치를 비유하는 데 쓰일 수 있다는 사실에 매번 놀라곤 한다. 날카로운 비유법 안에서, 그런 소박한 사물들이 마치 스스로 심오한 이치를 일러주는 무언의 설법자처럼 여겨지기 때문이다. 이런 생각을 품고, 이번에는 저 등잔과 거울의 비유에 대해 사색해보기로 한다.

시작하기에 앞서 해명하고 넘어갈 것이 하나 있다. 사실 불교 내에는 기이한 비유로 말하길 좋아하는 사람들이 따로 있다. 경량부(經量部, 초기 부파불교의 한 종파)의 한 무리로, 비유자(譬喻者, 혹은 譬喻師)라고 불리는 사람들이다. 내 기억으로는, 미륵의 후예들의 주석서 안에서 그들의 주장은 대개 논파의 대상이 되었던 것 같다. 미륵의 후예라면 자신들이 그런 비유적 설법가처럼 비치는 것을 그다지 좋아하진 않을 것이다.

그러나 나의 입장은 조금 다르다. 마치 속기 쉬운 사람에게 빠져들듯, 저 비유 속 사물들에 잠시 홀리도록 내버려두어도 괜찮다고 생각한다. 그것들이 우리 마음속에서 저절로 싹을 틔우고 자라서 언젠가 뜻밖의 진실을 알려줄지도 모르지 않는가. 옛 주석가들이 전하길, 저 비유자의 시조에 해당하는 사람이 기이한 비유적 사례[奇事]들을 잔뜩 수집하여 『유만론(喻鬘論)』이라는 책을 지었다고 한다. 나는 그 기이한 사례집 안에 무슨 이야기가 들어 있을지 무척 궁금했지만, 아쉽게도 지금은 그 책이 전해지지 않는다.

다시 본래의 주제로 돌아가보자. 등잔과 거울의 비유 말이다. 미륵의 후예들에 따르면, 부처님의 깨달음 속에 알려진 궁극의 진리를 제외하고 이 세계의 모든 것은 비유적 표현 혹은 은유[假說, upacāra]를 통해 알려지기도 한다. 부처님이 깨달은 궁극의 진리는 우리가 경험하는 세상의 어떤 것과도 유사하지 않지만, 이 세상의 모든 것은 다른 것과의 유사성[似]을 통해 알려질 수도 있기 때문이다. 가령 '불'은 성질이 사납고 안색이 곧잘 붉어지는 사람과 유사성을 띠고, '소'는 느리고 우직한 사람과 유사성을 띤다. 그래서 '불'이나 '소'라는 말이 어떤 사람을 가리키기도 하는 것이다. 예컨대 "저기 소가 온다"라고 말하지만 실은 우직한 어떤 사람이 천천히 걸어오는 것일 수 있다. 그런데 어떤 사물은 놀랍게도 이 세계 전체의 본성을 비유적으로 나타내기도 한다. 그것이 바로 등잔과 거울이다.

미륵의 후예들은 상대방에게 어떤 순간적 영감과 흥미를 선사하기 위함이 아니라 대개 유식의 이치를 논리적으로 설득하기 위해 등잔과 거울의 비유를 든다. 그들의 문헌에서 '비유[喻]'라고 할 때는 대개 어떤 주장을 뒷받침하는 유사한 사례[同喻]를 뜻한다. 그렇다면 등잔과 거울은 이 세계의 본성과 관련해서 우리에게 어떤 진실을 알려주고 있을까. 미륵이 설한 천상의 책『유가사지론』에서 두 가지 대표적 사례를 찾아보자.

　먼저, 이 책의 제56권에 이런 등잔의 비유가 언급된다. 방 안에 등잔불이 켜져 있고 그 빛이 온 방을 두루 환히 비추고 있다고 상상해보자. 깜깜한 방 안에 등잔불이 켜지면 그 불빛이 미치는 곳에서 사물들의 형상도 환히 드러난다. 사물의 모양이 드러나지 않으면 밝음과 어두움이 드러날 것이다. 여기서 등잔불은 중생의 마음을 비유하고, 방 안의 사물은 그 마음에 알려지는 세계를 비유한다.

　이 비유적 사례로써 최종적으로 나타내려는 것은 '유식'의 이치다. 등잔불이 방 안을 환히 비춤에 따라 방 안의 사물들이 나타나고, 또 등잔 자체도 드러나게 된다. 이와 마찬가지로 중생의 마음이 알아차리는 한에서 그의 몸과 세계가 나타나고, 또 마음의 작용도 감지된다. 그러니까 비추는 것(알아차리는 것)은 언제나 비추어지는 것(알려지는 것)을 전제로 하며, 한쪽이 없다면 다른 한쪽도 없다. 이에 따를 때, 지혜 있는 자라면 이렇게 말할 것이다.

　　"알아차리는 마음과 그에 의해 알려지는 세계는 다르지 않다."

　또 만약 누군가 세상 어디에도 없을 것 같은 진실을 찾아

헤매고 있다면, 그에게 이렇게 일러주어도 무방하리라.

"찾는 자가 바로 찾으려 했던 그것이다."

다음에, 그 책의 제77권(『해심밀경』 제3권 수록)에 이런 거울의 비유가 언급된다. 크기와 모양을 확정할 수 없는 깨끗한 거울의 표면에 온갖 영상들이 나타나 있다고 상상해보자. 어떤 사람이 거울을 보면서 "나는 지금 얼굴을 본다"고 말하고, 거울과는 다른 자기의 실재 얼굴을 본다고 믿는다. 이 비유에서 거울은 마음을 비유하고, 거울의 표면에 나타난 영상은 마음에 현현되는 세계를 비유한다.

이 비유적 사례로써 나타내려는 것도 역시 '유식'의 이치다. 마치 우리가 거울에 비친 '얼굴의 영상'을 보고 있을 때 실은 '거울'을 보는 것이라고 말할 수 있듯, 바깥 세계의 사물들을 보고 있을 때도 실은 자기 마음을 보는 것이라 말할 수 있다. 이에 따를 때, 지혜 있는 자라면 이렇게 말할 것이다.

"마음이 마음을 보는 것이다."

이런 이치를 깊이 체득한 중국의 한 선사가 후대에 유명한 일화를 남겼다. 바람에 흔들리는 깃발을 보면서 그는 이렇

116

게 말하였다.

"흔들리는 것은 바람도 아니고 깃발도 아니며 바로 그대의 마음이다."

사실 유식의 이치에서 보면, 모든 사람이 동일한 사물에서 동일한 형상을 보는 것은 아니다. 사람 마음이 각기 다르니, 그 마음에 보이는 것도 조금씩 다르지 않겠는가. 미륵의 후예라면 저 등잔과 거울에서 유식의 이치와 흡사한 어떤 것을 보았겠지만, 누군가에겐 또 다른 유사성이 보일 수도 있다.

가령 등잔불의 밝기에 따라 사물이 달리 드러나는 것처럼, 혹은 거울 속 영상이 좌우가 뒤바뀌어 나타나는 것처럼, 자기 마음이 보고 듣고 생각한 것이 실은 세계의 진짜 모습과는 다를 수 있음을 깨치는 사람도 있을 것이다. 또 저 거울이 실물이 아닌 가짜 영상을 무한대로 수용하는 것처럼, 자기 마음이 무수한 가짜 환영들로 잠식될 수 있음을 깨닫고 두려워하는 사람도 있을 것이다. 그러니까 저 등잔과 거울은 그런 다양한 비유적 설법을 들려주기 위해 이 세상에 우리와 함께 오래 머무는 것인지도 모른다.

거울 속의 물고기

나는 세상의 익숙한 사물들이 '혹시 내가 미처 알아차리지 못
했거나 판독하기 어려운 비밀의 언어를 담고 있지는 않을까'
하고 상상하는 것을 좋아한다. 그래서 비유 속 사물에 관한 이
야기를 조금 더 이어가려 한다. 이번에는 어떤 신비한 거울에
관한 이야기다.

불교 문헌에서 자주 언급되는 비유 속 사물 가운데 거울
만큼 마음을 잘 모방하고 있는 것도 드문 듯하다. 게다가 거울
은 우리의 상상을 증폭시키는 놀라운 특징을 갖고 있다. 아무
것도 비치지 않는 거울을 상상하기 힘들 듯, 아무것도 현현하
지 않는 순수한 마음 자체란 생각하기 힘들다. 가령 안식(眼

識)이 일어나면 모양과 색깔이 나타나고, 이식(耳識)이 일어나면 소리가 들리는 것처럼, 어떤 종류의 마음이 일어났다면 거기엔 반드시 자기만의 대상의 영상도 함께 현현해 있다. 이런 측면에서 거울의 영상은 일견 유식의 이치를 지지해주는 사례처럼 보인다.

그런데 거울의 비유에는 어떤 맹점이 있다. 오히려 유식의 이치를 정면으로 반박하는 사례로 여겨질 수도 있다는 점이다. 우리는 거울 속 영상이 당연히 거울 바깥의 피사체로부터 온 것이라고 믿듯, 마음에 나타난 대상의 영상도 본래 바깥 세계로부터 온 것이라 생각한다. 반면에 미륵의 후예들은 저 바깥에 엄연하게 실재하는 세계가 나의 식(識) 안에 있다고 주장한다. '오직 식만 있다'고 하는 교리는 언제나 '바깥 경계[外境]는 없음'을 전제로 한다. 그래서 '유식무경(唯識無境)', 간단히 '유식'이라 칭한다.

만약 마음에 나타난 대상의 영상이 그에 대응하는 바깥 경계로부터 온 것이 아니라면, 그것을 어떻게 납득시킬 수 있을까. 이처럼 안팎의 관념을 흔들어놓는 데 결정적 역할을 한 것이 바로 아뢰야식이다. 그 심층의 마음에서 보면, 세상의 모든 것이 이미 그것의 인식대상으로 주어져 있기 때문이다. 미륵의 후예들의 전통은 논리학[因明]의 방법에 따라서 저 아뢰야식의 존재와 유식의 도리를 입증하는 것이다. 그러나 지금까지 그래왔듯 나는 아뢰야식을 비슷하게 모방하는 어떤 신비한 거울을 통해 유식의 이치를 설명해보려 한다.

우선, 그 논리적 전통에 대해 잠깐 언급하고 넘어가자. 여기서 『성유식론(成唯識論)』이라는 책을 언급하지 않을 수 없다. 그 이름에서 나타나듯, 이 책은 '유식의 이치를 성립시키는 논서'이다. 그런데 책의 논주(論主)도 인정하듯, 아뢰야식이란 '불가지(不可知)'한 것이다. '식'의 인식작용과 인식대상이 지극히 미세하고 지극히 광대하기 때문이다. 설사 예리한 관찰자가 자기의 의식과 다섯 종류의 감각들이 일어났다가 사라지는 것을 그때그때 알아차릴 수 있다 해도, 저 심층의 아뢰야식이 찰나마다 생멸하면서 끊임없이 이어지는 것을 감지하지는 못한다. 그래서 그런 심층의 마음이 과연 존재하는지, 또 그 작용은 어떠한지에 대해 불교 내에서도 일반적 동의를 얻기가 어려웠다. 바로 그런 이유에서 미륵의 후예들은 어떤 반박도 허용하지 않는 논증의 길을 택한 것이리라.

다시 본래의 주제로 돌아와서, 이제부터는 어떤 신비한 거울에 대해 말해보겠다. 그것은 특히 아뢰야식을 유사하게 모방하고 있고, 두 사물의 조합으로 만들어진 상상 속의 거울이다. '물 같은 거울.' 천오백여 년 전에 이미 수고로운 논증을 끝낸 미륵의 후예들이 보기에, 지금 내가 그런 거울에 대해 이야기하는 것은 시대착오적인 일인지도 모른다. 그러나 내 나름대로 평계는 있다. 복잡한 논증으로 급격히 흥미를 잃게 되는 일 없이, 저 신비한 거울의 비유에 의지해서 쉽고 빠르게 아뢰야식의 근처로 다가갔으면 하는 바람에서다. 게다가 저 '물 같은 거울'도 실은 『성유식론』의 비유들에서 이끌어낸 것이기 때문에 교리적 근거가 전혀 없는 것은 아니다.

그 책에 이런 표현이 있다.

아뢰야식은 마치 폭류처럼 흐르고 있고, 그 사나운 물살 아래로 물고기가 잠겨서 떠내려가고 있다.

'폭류처럼 흐른다'는 것은 아뢰야식이 매 순간 무거운 업의 짐에 떠밀려 사납게 흘러가고 있음을 비유한다. '사나운 물살 아래로 물고기가 잠겨서 떠내려간다'는 것은 아뢰야식 안에 무시이래로부터 방금 전까지 차곡차곡 쌓인 업력의 종자들이 잠복되어 있음을 뜻한다. 이처럼 아뢰야식은 업력의 담지자라는 점에서 '물고기를 싣고 떠내려가는 사나운 물살'에 비유되기도 한다.

물론, 이 아뢰야식도 무엇인가를 알아차리는 마음이라는 점에서 항상 거울에 비유된다. 마치 하나의 거울에 의지해서 다양한 영상들이 나타나는 것처럼, 아뢰야식과 그에 의지해서 일어난 표층 의식들이 각자의 영상들을 현현해낸다. 말하자면 아뢰야식은 살아 있는 동안 끊임없이 자기의 몸과 세계[器世間]를 현현하고 있다. 또 그 밖의 표층 의식들은 외적인 연이 갖추어지면 생기하여 자기만의 대상의 영상을 현현해내지만, 외적인 연이 사라지면 그 식과 영상들도 심층의 마음속으로 가라앉아 흔적을 남긴다. 과거에 현현했거나 지금 현현해 있거나 미래에 현현할 그 모든 대상의 영상은 아뢰야식 안에 잠재된 업의 종자로부터 현현하는 것이다.

이쯤에서 저 '물 같은 거울'이 어떻게 유식의 이치를 비유적으로 나타내는지 살펴보자. 만약 누군가 여전히 청동 거울이나 유리 거울 등을 생각하면서 거울 속 영상이 바깥의 피사체가 투사된 것이라고 믿는다면, 그는 또한 필시 마음속 영상이 외부 세계로부터 유래했다고 믿는 실재론자일 것이다. 이와 달리 미륵의 후예라면, 가령 물처럼 투명하고 유연한 재질로 이루어진 거울을 상상할 것이다. 이 거울의 크기와 모양은 확정되지 않고 비가시적이다. 이러한 거울 속 깊은 곳에는 물고기가 잠자고 있다.

물고기는 연이 무르익고 때가 되면 거울의 표면에 뚜렷한 모양과 색깔을 드러낸다. 그리고 연이 다하면 다시 거울 속으로 사라진다. 그러니까 '거울 속의 물고기'는 바로 마음에 나타난 대상의 영상이 마음 바깥이 아니라 마음 안에서 온 것임을 비유적으로 말해준다. 아마도 그런 물 같은 거울 속에는 또 다른 익숙한 것들이 잠들어 있다가 때가 되면 거울 표면에 그 윤곽을 드러낼 것이다. 혹시 그 거울 속으로부터 우리의 상상 속에서만 있는 어떤 기묘한 존재가 튀어나오게 될지 그 누가 알겠는가.

지금까지 내가 상상한 거울은 신비하긴 해도 여전히 '업의 거울(업경)'에 불과하다. 대승불교의 많은 문헌에서는 그것을 능가하는 훨씬 경이로운 거울을 언급하기도 한다. 그중 가장 압권인 것은 우주 전체를 일시에 비추는 '커다란 둥근 거울[大圓鏡]'이다. 업의 거울은 사물의 일면을 어슴푸레 비추지만, 저 커다란 둥근 거울은 동서남북과 사유(四維)의 모든 방향 그리고 과거·현재·미래를 일시에 환히 비춘다고 한다. 우리의 머리로는 도저히 상상할 수 없는 거울이다.

어쨌든 저 커다란 둥근 거울이 일체지(一切智)를 획득한 자의 마음을 비유한다는 것만은 알 수 있다. 나는 어디선가 '정토에서는 어느 쪽에 있든 모두가 다 부처님의 얼굴을 정면으로 보면서 설법을 듣는다'라는 글귀를 본 적이 있다. 달리 말하면, 정토의 부처님은 모든 것을 일시에 보면서도 마치 얼굴과 얼굴을 맞대고 보듯 모두를 선명하게 본다는 뜻이리라. 혹시 그런 정토에서는 아무리 미미한 사물일지라도 어마어마한 우주를 비추는 비밀스런 거울이 되어 있을지도 모른다.

종말 직전의 지구

나는 미륵의 후예들과 비슷한 정신적 궤적을 밟아가는 사람이지만, 그들의 학문적 진지함은 종종 나의 예상을 뛰어넘는다. '이런 문제까지 진지하게 따져보았구나' 싶은 대목이 많고 많은데, 간혹 어떤 곳에서는 기이한 느낌을 받기도 한다. 그중 하나가 바로 세계의 종말에 관한 논의다. 그것을 따라가다 보면 '그들은 세계의 종말을 두려워하기보다는, 진정 그것을 유식의 이치로 꿰지 못하게 되는 상황을 두려워하는 것이 아닐까' 하는 생각이 든다.

또 최근에는 이런 의심도 일었다. '혹시 겉으로 논증을 표방하면서, 실은 저들만의 진지한 우주적 농담을 즐기고 있는 것은 아닐까.' 여기까지 상상했을 때는 나도 모르게 저절로 미소가 지어졌던 것 같다. 그 내용이 흥미롭고 또 뭔가 느껴지는 바도 있기 때문이다. 요즘처럼 지구 종말의 징후처럼 여겨지는 사건 사고가 연달아 일어나는 우울한 시절에는 한 번쯤 그런 이야기를 해보는 것도 괜찮을 것 같다.

사실상 예언이나 계시 같은 것을 경계하는 사람도 누군가 반복해서 간절히 호소하면 한 번쯤 속는 마음으로 그런 말에 귀를 기울이게 된다. 나도 예전에 그런 경험을 한 적이 있다. 전철역 주변을 배회하며 포교하던 한 청년으로부터 종말과 구원의 필연성에 대해 일장 연설을 듣게 된 것이다. 그렇게 해서 우연히 알게 된 사실이 하나 있다. 유사 종교의 종말론적 믿음의 근거로 불교 경전이 활용되고 있다는 것이다.

그 청년이 생색내며 몰래 보여준 중요한 '비전(祕傳)'에는 괴겁(壞劫, 세계가 무너지는 시기)의 상황을 묘사한 내용들이 적혀 있었다. 그것은 성(成)·주(住)·괴(壞)·공(空)을 거듭하는 순환적 우주에 대해 설한 불교 경문이었다. 예나 지금이나 찾으려 하면 누구나 어렵잖게 접할 수 있는 경문이기에 무슨 비전이라고 할 만한 것도 아니었다. 오히려 그의 자의적 해석에 확 깼다고나 할까. 하지만 그 청년은 불교 경전에서 그토록 명백하게 예언한 종말의 비극에 대해 어째서 불교도들은 무덤덤한지 의아해했을지도 모른다.

이제부터 나도 그 문제를 다루어보려 한다. 정확히 말하면, 세계의 종말이라는 두려운 상황에 대한 일반적이지 않은 반응 혹은 정신적 태도에 대해 살펴보려는 것이다. 미륵의 후예들의 학문적 진지함 말이다. 나는 그것을 『성유식론』에서 보았다. 앞에서 잠깐 소개했듯이 이 책은 유식의 이치를 논리적으로 입증하는 논서이다. 어김없이 이런 심각한 주제를 다룰 때조차도 유식 논사들의 최대 관심사는 그것을 어떻게 유식의 이치와 조화시키는가 하는 것이었다. 이 책에서 '세계의 종말'이라는 주제를 본격적으로 다룬 것은 아니다. 다만, '기세간(器世間, 자연계)의 지속'이라는 철학적 문제를 다루는 과정에서 덩달아 언급되고 있다. 논쟁의 전후 맥락이 매우 복잡하기 때문에 짧게 요약하기란 불가능하다. 그래서 내가 이해한 것을 위주로 간략히 말해보겠다.

아뢰야식의 교설에 따르면, 중생들은 태어나면서 각자의 과보로서 아뢰야식을 받는다. 그 아뢰야식에 잠재된 특수한 힘으로부터 저마다 몸과 기세간이 나타나게 된다. 만약 사람으로 태어났다면, 그의 아뢰야식은 자기의 사람 몸을 현현해내고, 또 감각기관이 달린 몸[有根身]에 의해 수용되고 경험되는 기세간을 현현해낸다. 그런데 중생의 아뢰야식은 개별적이고 유한하지만, 기세간이란 여럿이 공통으로 경험하는 보편적이고 지속적인 세계다. 여기서 이런 식의 논리가 제시된다.

전생에 서로 유사한 업을 지은 자들이 유사한 업력에 의해
지금도 유사한 기세간을 함께 보는 것이다. 또 어떤 중생이
목숨이 다하여 그의 아뢰야식이 더 이상 기세간을 현현해
내지 않아도, 나머지 현존하는 중생이나 장차 태어날 중생
의 아뢰야식이 끊임없이 기세간을 현현해낸다.

여기까지는 유식의 이치와 어긋나지 않는다. 그런데 다
음과 같은 난제에 부딪힌다. 불교의 순환적 우주관에 따르면,
세계가 무너지는 괴겁의 시기에는 먼저 중생계가 소멸하고
나중에 기세간도 소멸한다. 반대로 세계가 이루어지는 성겁의
시기에는 먼저 기세간이 생겨나고 나중에 중생계가 생겨난다.
이 두 시기에는 어중간한 단계가 존재하는데, 이것이 유식의
이치에 어긋나는 것처럼 보인다. 가령 괴겁에 모든 중생은 이
미 다 소멸했는데 아직 기세간이 존속할 때, 그리고 성겁에 기
세간은 이미 생겨났는데 아직 어떤 중생도 생겨나지 않았을
때이다. 이때는 중생은 전혀 없고 오직 기세간만 있다. 그럼
이 경우에도 과연 "이 세계는 마음이 현현해낸 것"이라 말할
수 있을까.

이런 상황을 염두에 두고 한 유식 논사가 묻는다. "괴겁
에 중생이 이미 다 사라졌을 때 누구의 아뢰야식이 이 기세간
을 현현해내는가." 여기서 의외의 대답을 듣게 된다. "이곳으

로부터 아득히 멀리 떨어진 타방 중생의 식(識)이다." 그러니까 우주의 아득히 먼 곳에서 이름 모를 어떤 행성에 사는 외계인들이 이 지구를 보고 있고, 또 우리보다 더 오래 살아남은 외계인이 종말 직전 지구의 마지막 모습이 어떠했는지 기억해줄 것이라는 말이다.

위안이 되는 대답이긴 하지만, 그래도 의문이 든다. 만약 그 외계인이 우리와 전혀 다른 존재라면, 어떻게 그들의 '식'이 우리가 경험하는 이 세계를 현현해낼 수 있을까. 이에 대해서도 『성유식론』의 논사들의 난해한 문답이 이어지는데, 그 결론은 이런 것이다.

> 타방 중생 중에도 이곳의 욕계(欲界) 중생과 유사한 업을 짓는 자가 있을 수 있다. 욕계 중생의 아뢰야식에는 욕계의 몸, 그리고 그 몸에 의지처가 되고 수용되는 기세간도 함께 현현한다. 만약 이곳의 기세간이 저 타방 중생의 몸에도 똑같이 수용될 수 있다면, 이곳의 기세간이 그의 아뢰야식에 현현된 것이다. 그러므로 괴겁이 도래하여 이곳에 아무도 없다 해도 저 타방 중생의 '식'에는 여전히 이 기세간이 존속한다고 말할 수 있다.

여기서 이야기가 끝나는 것은 아니다. 신라의 태현(太賢)

스님이 쓴 『성유식론』 주석서에서 반가운 이름을 발견하였다. 점잖은 원측 스님도 그 논쟁에 가세하여 한마디 거들었던 듯하다. 그것이 찜찜했던 마지막 의문을 해소시켜주었다. 어떤 과학 이론에 따르면, 설령 외계인이 존재한다 해도 우리는 외계인을 만날 수 없다. 그들의 행성과 우리의 행성은 너무 멀리 떨어져 있기 때문에 빛의 속도로 날아가도 결코 살아서 만나진 못하기 때문이다. 서로의 존재를 알 수도 없고 서로의 세계를 경험할 수도 없는데, 어떻게 외계인의 '식'에 이 세계가 현현한다고 말할 수 있을까. 원측 스님에 따르면, 한 중생이 수용하는 기세간의 범위는 이 정도로 가늠해볼 수 있다.

몸이 현재 머무는 데서 신통력으로 갔다 돌아올 수 있는 곳.
_태현, 『성유식론학기(成唯識論學記)』 제2권

그러니까 아득히 멀리 떨어진 곳은 비행접시 따위를 타고 가는 것이 아니라, 의세신통(意勢神通, 마음먹은 대로 단번에 먼 데까지 이르는 신통력) 같은 것으로 단번에 도달할 수도 있다. 그렇다면 우리가 외계인과 만나지 못할 이유가 없지 않겠는가. 가령 『인왕경』 「서품」의 경문에 따르면, 부처님의 설법을 듣기 위해 타방 보살들이 수많은 권속과 함께 이곳에 와서 공중에 머물기도 한단다.

나는 세계 종말에 대해 진지하게 묻고 답하는 그들의 대화에서 뭐라 말하기 힘든 기이한 아름다움을 느꼈다. 마치 수학적 난제를 증명하는 복잡한 기호들에서 어떤 미학적 형상을 보듯, 논리와 신화의 기이한 조합으로 이루어진 독창적 이야기처럼 여겨졌다. 그래서 그들의 논리에 주목하면서도 외계인 이야기에 맞장구를 친 것이다.

　그러나 나의 장단이 너무 과하지 않았기를 바란다. 우리의 아뢰야식 안에는 지극히 미세하고 광대한 우주가 펼쳐져 있고, 그곳에서는 지금도 온갖 재난의 일들이 연달아 벌어지고 있다. 그 심연 어딘가에는 폭풍 속에서 굳건히 버티는 사람들도 있을 것이다. 어쩌면 저 유식 논사들이 주고받은 세계 종말에 관한 문답도 그런 사람들의 대화일지 모른다.

보이지 않는 몸

나는 오래전에 '몸의 밀의(密意)'라는 주제로 논문을 쓴 적이 있다. '유식'이라는 용어에 대한 사람들의 편견을 조금이라도 덜기 위해 그런 논문을 썼던 것 같다. 우리 마음에 나타나는 갖가지 형상 중에 가장 생생하게 실감하는 것은 뭐니 뭐니 해도 자기의 몸이다. 그래서 논문을 쓸 때도 유식의 교리가 오직 순수한 식(識)만 있고 몸통은 사라진 존재들을 강조하는 것은 아니며, 오히려 몸의 비밀스런 의미를 매우 세세하게 들춰내는 학설이라는 점을 애써 부각하려고 노력했다.

그런데 세상이 급변하다 보니 그 생각을 조금 보완할 필요성을 느꼈다. 사람들의 오랜 꿈 중에는 비록 악몽처럼 여겨져도 계속해서 꿈꾸고 싶어 하는 것이 있다. 그런 꿈은 반복해서 꾸다 보면 언젠가 현실이 될 수도 있다. 그중 하나가 바로 '보이지 않는 사람'이다. 좀 더 정확히 말하면, 그의 마음 안에서는 여전히 살아 있는 실체로 직감되는데 그 겉모습은 지워져버린 몸을 가진 사람이다.

　내가 그런 존재에 대해 사색하게 된 계기는 어떤 기사 제목 때문이다. 그리 오래되지 않은 과거에 보았던 한 자극적인 기사 제목 중 이런 것이 있었다. "투명 쥐를 만든 과학자들, 다음 목표는 투명 인간." 나는 그 문구에서 약간 들떠 있으면서도 어떤 두려움을 숨기고 있는 듯한 인상을 받았다. 그 기사 제목을 본 사람은 '투명한 쥐'가 '보이지 않는 쥐'라고 생각하지 않았겠지만, 필시 '투명 인간'은 '보이지 않는 사람'이라고 생각했을 것이다.

　이렇게 된 데는 120여 년이 넘도록 사랑받는 허버트 조지 웰스의 과학소설 『투명 인간』의 영향이 크다. 그 소설의 원제는 '보이지 않는 사람(invisible man)'이다. 한 작가의 상상 속에 숨어 살던 사람들이 우리와 뒤섞여서 당당하게 살아갈지도 모른다고 생각하니, 흥미진진하면서도 왠지 두려운 것도 사실이다. 왜냐하면 우리가 알고 있는 그런 사람들의 삶이란 대개 악몽 같은 것이기 때문이다.

　먼저, 웰스의 『투명 인간』으로 돌아가보자. 그 작가가 재치 있게 묘사했듯, 그리핀(소설 속 주인공)의 삶은 그리 녹록지 않다. 그는 눈꺼풀이 빛을 차단하지 못하기 때문에 항상 불면에 시달린다. 몸이 보이지 않기 때문에 타인과의 교류도 완전히 단절되고, 최후에는 범죄에 연루되어 비참한 종말을 맞는다. 웰스가 그리핀의 악몽 같은 삶의 이야기를 천진난만하게 이어가는 동안, 독자들은 그 '투명 인간'이라는 것이 인간의 근원적 고독 혹은 처절한 운명에 대한 씁쓸한 상징일 수 있음을 알아차린다.

한편, 옛 불교 문헌에서도 '예신약(翳身藥)'이나 '은형법(隱形法)'처럼 몸을 보이지 않게 하는 약이나 주술이 언급된다. 전하는 설에 따르면, 제2의 부처라고 불리는 용수(龍樹, 대승불교 중관학파의 시조) 보살도 철없는 시절에는 친구들과 어울려 은신술을 익혔다고 한다. 그는 보이지 않는 몸으로 궁정에 몰래 숨어들어 궁녀들을 희롱하다가 발각되어 결국 큰 고초를 치렀다. 이를 계기로 욕망의 무상함을 깨닫고 출가의 길로 들어섰다. 불교 내에서 보이지 않는 몸은 간혹 보살의 높은 도력에 대한 상징으로 묘사되기도 하지만, 대개는 범부가 그에 잘못 현혹되면 파국을 맞는다는 점을 강조하고 있다.

이처럼 '보이지 않는 사람'에 관해 거의 비슷한 악몽을 꾸면서도 우리는 어째서 계속 그런 꿈을 꾸는 것일까. 어디선가 본 문구에서, 사람들은 악몽을 꿔서 두려운 것이 아니라 자신의 두려움을 표현하기 위해 악몽을 꾼다고 하였다. 때로는 막연한 두려움이 실은 혼란스런 열망의 다른 형태인 경우도 있다. 섭리를 거스르는 듯하면서도 극적인 반전이 기대되는 어떤 행위를 하는 자들이 숨기고 있는 그런 열망 말이다.

어쩌면 우려와 호기심이 뒤섞인 그런 열망이 우리로 하여금 보이지 않는 사람에 대한 꿈을 꾸게 하는지도 모른다. 미륵의 후예라면 그런 꿈조차도 유식의 이치로 설명하려 할 것이고, 그런 방식으로 자신들의 혼란스런 감정을 잠재우려 할 것이다. 돌이켜보면, 나의 예전 논문에서도 간접적으로나마 이 문제를 다루었는데, 내가 미처 자각하지 못했던 것 같다. 그래서 그 내용을 조금 보완해보겠다.

논의의 흐름상, '몸'에 관한 교리에서 시작해보겠다. 주지하다시피 불교도들은 현생의 몸이 각자 전생에 쌓은 업력의 총체적 과보[總報]로 주어진 것이라고 믿는다. 미륵의 후예들은 그 업력을 종자(種子)라고 불렀고, 아뢰야식에 잠복해 있는 자기만의 특수한 종자(원인)로부터 자기만의 몸(과보)이 생겨났다고 생각한다. 그러니까 한 중생이 살아 있을 때 그의 아뢰야식은 다채로운 형상과 색채를 이용하여 시시각각 자기 몸의 형상을 드러낸다. 그의 복이 한창일 때 그의 식(識)은 흠결 없는 활기찬 육체를 환한 태양 아래 내놓을 테지만, 이번 생의 복과 명이 다하면 으스스한 주검만 남기고 어디론가 사라질 것이다.

　인과응보의 섭리에서 보면, 자기가 지은 업의 과보로 주어진 몸의 형상은 불가피한 운명처럼 여겨진다. 그렇다면 저 보이지 않는 몸을 꿈꾼다는 것은 그런 섭리를 거스르는 것이 아닐까. 인내심을 갖고 유식 논사들의 해석을 따라가다 보면, 꼭 그런 것은 아님을 인정하게 될 것이다. 혹은 예상 밖의 반전이 기다리고 있을 수도 있다. 그렇게 말하는 이유는 다음과 같다.

　미륵의 후예들에 따르면, 우리의 몸에는 ①자기와 타인의 마음에 공통적으로 알려지는 가시적 측면이 있고, ②오직 자기 내면에서만 알려지는 비가시적 측면이 있다. 이런 두 층위가 생겨나는 이유는 우리 몸이 '감각기능을 가진 물질[有執受]'이기 때문이다. 그래서 감각기능이 없는 바위나 돌 등과는 다른 것이다. 물질세계라는 것은 조건만 갖춰지면 자타의 마음에 의해 공통적으로 인식되기 마련이다. 그러나 '감각기능을 가진 몸[有根身]'은 조금 다르다.

　①몸의 정미한 감각기능들은 그것의 실질적 작용을 직접 경험하는 자기의 내면에서만 즉각적으로 알려지는 것이지, 타인의 마음에는 알려지지 않는다. 만약 타인의 마음도 내 몸의 정미한 감각기능들을 안다고 할 것 같으면, 그것은 마치 타인의 마음이 내 몸에서 발생하는 통증을 고스란히 느낄 수 있

다고 하는 말만큼이나 불합리한 것이다. 반면에, ②감각기능을 지탱하는 물리적인 토대들, 즉 눈·귀·코·혀 및 그 밖의 신체 부위는 자타의 마음에 공통적으로 알려진다. 내 육체의 형상을 타인의 마음도 인식하고, 타인의 육체의 형상을 나의 마음도 인식하는 것이다. 그런데 이 경우 상대의 육체를 인식하는 방식은 이전과는 전혀 다르다. 자기 마음은 자기의 감각기능을 가진 몸을 언제나 전체적으로 붙잡고 있고 또 살아 있는 실체처럼 직감한다. 반면 다른 이의 육체를 인식할 때는, 마치 외부 세계의 바위나 돌 등을 인식할 때처럼 단편적이면서 객관적인 표상으로 인식한다. 요컨대 우리의 몸은 다른 이의 마음 안에서는 언제나 타인의 육체로서 드러나고, 그런 한에서 마치 외부 세계의 객관적 표상처럼 인식되는 것이다(『성유식론』 제2권). 그래서 옛 주석가들이 말하길, "타인의 몸은 외적인 기세간[外器]에 속한다"라고 하였다.

이쯤에서 다시 우리의 본래 질문으로 돌아가보자. 누군가 약이나 주술 혹은 첨단 과학기술로 자기 몸을 보이지 않게 했다고 치자. 여기서 무엇이 지워진 것인가. 유식의 이치에 따르면, 오직 자기 마음에서 생생하게 실감되는 몸의 감각기능은 결코 지워지지 않는다. 단지 자타의 마음에 공통으로 알려진 육체의 표상이 지워진 것이다. 그런 육체의 표상은 언제나 바깥 기세간의 풍경 속에 있던 것이다. 만약 나의 마음에 타자의 육체가 보이지 않는다면, 그것은 나의 마음 안에 현현했던 기세간의 형상 중 일부가 지워진 것이다. 만약 타자의 마음에 나의 육체가 보이지 않는다면, 그것은 타자의 마음 안에 현현했던 기세간의 형상 중 일부가 지워진 것이다. 이에 따를 때 다음과 같이 결론지을 수 있다.

> 보이지 않는 몸을 가진 사람이 출현했다는 것은
> 기세간의 일부가 흐트러지고 지워졌음을 뜻한다.

보이는 사람들이 세상을 천국으로 만들 수도 있고 지옥으로 만들 수도 있듯, 보이지 않는 사람들은 나쁜 꿈도 꾸고 좋은 꿈도 꿀 것이다. 그들도 여전히 감각하고 생각하며 또한 열정과 두려움을 갖고 살아갈 것이다. 그들의 출현은 새로운 위험을 예고하는 것이지만, 그에 비해 기대되는 바가 훨씬 크다. 어쩌면 그들은 우리에게 아주 놀라운 장면들을 보게 해줄 것이고, 천지개벽 수준의 변화를 거친 세상을 만들어낼지도 모른다.

이렇게 상상해보자. 보이지 않는 사람도 타인과 소통하며 살아가려 한 것이다. 그러려면 자기 몸을 대신해서, 시공간의 좌표에 자기가 존재함을 알리는 어떤 징표가 필요하다. 가령 웰스의 투명 인간은 몸 전체에 붕대를 칭칭 감고 챙이 넓은 모자와 검은 망토를 둘렀다. 그러나 새로운 세상의 투명 인간들에겐 그런 거추장스런 치장이 더 이상 필요치 않다. 하나의 단순한 징표만으로 자기의 존재를 나타낼 수 있기 때문이다. 가령 장난기 많은 자들이 가면만 쓰기로 하고 한곳에 모여 산다면, 그곳은 다양한 표정의 얼굴들만 둥둥 떠다니는 장소로 변해 있을 것이다. 혹시 변덕이 심한 자들이 날마다 자기의 보이지 않는 몸을 상이한 종(種)의 형상으로 꾸미면서 살아간다면, 내가 어제 보았던 뱀의 형상과 오늘 본 사자의 형상이 전혀 다른 중생의 것이라고 단정할 수 없을 것이다. 또 그런 세상에서는 호두알 같은 크기와 모양을 한 어떤 존재가 나에게 다정하게 말을 걸어 온다 해도 전혀 이상할 게 없으리라.

2장

● 환상의 세계에 사는 환술사

'가짜'에 관한
어떤 인상적인 학설

나는 산만한 정신의 흐름 속으로 문득 끼어든 어떤 순간적인 자극에 의해 무언가를 결심하곤 한다. 오래전 아직 학위논문의 주제도 정하지 못했던 시절, 고(故) 원의범 선생님이 내가 다니던 신촌의 한 대학교로 몇 년간 외부 강의를 하러 오셨다. 그분이 어느 날 수업 중 뭔가 회상하는 듯한 표정으로 이렇게 전해주셨다. "우리 선생님(김동화 박사)이 말씀하시길, 가짜[假]에 대해 알면 유식학을 거의 다 안 것이나 다름없다고 했다."

초보 불교학도였던 나는 그 말의 의미를 다 알아차리기라도 한 것처럼 즉각 받아들였다. 그것은 마치 아주 오래전 존재했던 누군가가 자신의 못다 한 과업을 이루기 위해, 혹은 영감을 불어넣기 위해 후대 사람의 무뎌진 정신 속에 갑자기 끼어든 것처럼 느껴졌다. 그 한마디의 후속 결과물이 나의 박사학위 논문인 「성유식론(成唯識論)의 가설(假說)에 대한 연구」이다. 내 인생의 중요한 과제를 그러한 영혼의 공조 속에서 완수했다고 생각하면 왠지 뿌듯해진다.

　예나 지금이나 나는 미륵의 후예들이 계속해서 사색하고 분석하는 주제들의 목록 맨 앞에 '가설'이라는 단어가 놓여 있다고 믿는다. 그럼에도 내가 그에 대해 본격적으로 말하길 꺼리는 이유는 아주 단순하고 개인적이다. 미륵의 후예들은 자신들의 주장을 펼칠 때마다 한치의 반박도 허용치 않는 논증을 시도한다. 가슴을 울리는 경구, 모호한 형용사나 부사를 쓰는 경우도 거의 없는데, 그것이 오히려 사람들과의 소통을 가로막기도 한다.

　내가 가장 피하고 싶은 상황은 이런 것이다. "학식 있는 천문학자의 말을 들었을 때, 증거와 숫자들이 내 앞에 줄지어 나열되었을 때 (…) 나는 어찌나 빨리 말할 수 없을 정도로 피곤해지고 지루해지는지, 일어나 살며시 빠져나와, 신비롭고도 축축한 밤공기 속을 혼자 거닐며, 이따금 완벽한 침묵 속에 있는 별들을 올려다보았다(월트 휘트먼, 『휘트먼 시선』)." 그래서 남들의 흥미를 좀 끌어보려고 그동안 다소 몽환적인 글을 써왔는데, 실은 '가짜'에 대한 학설에 크게 기대고 있다. 그런 글을 쓰는 동안 어느덧 지구가 태양 주위를 한 바퀴 돌아왔다. 이제 다시 근원을 되돌아보고, 또 옛 스승에 대한 부채 의식도 덜어낼 겸, 가짜에 관한 글을 써보려 한다.

'가짜'란 우리가 일상적으로 쓰는 모든 말[言], 그리고 그 말로 가리켜지는 모든 대상[義]을 가리킨다. 쉽게 말하면 임시로 정해놓은 것이기에 가짜라고 한다. 우리가 살아가는 세상의 모든 것에는 다 이름이 붙어 있다. 예컨대 '장미'라는 이름은 아름다운 빛깔과 형태, 매혹적인 향기, 날카로운 가시를 가진 어떤 식물을 가리키지만, 때론 장미처럼 치명적 매력을 지닌 여인을 가리키기도 한다. 마찬가지로 '독사'라는 이름은 원통형의 가늘고 긴 몸에 맹독을 가진 어떤 파충류를 가리키지만, 때론 독사처럼 위험하고 사악한 사람을 가리키기도 한다. 그러니까 하나의 이름을 안다는 것은, 그 이름으로 인류가 오랫동안 축적해온 공통된 경험과 습관과 가치관 등을 아는 것이다.

이러한 언어 사용에 익숙해지면, 우리는 눈앞에 현전해 있는 어떤 것을 보고도 그 이름을 모르면 그것을 '모른다'고 한다. 반대로 그 이름을 알면 그 실체를 '안다'고 착각하면서 그것을 맹목적으로 추앙하거나 때론 경솔하게 가혹한 심판을 내린다. 미륵의 후예들은 이러한 언어적 전도의 폐해에 특별히 주목하였다. 그들은 말과 그 대상에 대한 온갖 실재론적 집착을 깨뜨리고, 모든 것을 '유식'으로 귀결시키고자 하였다.

이쯤에서 이런 의문이 들 수 있다. "저 말과 그것이 가리키는 대상을 어째서 '가짜'라고 하는가." 그에 대한 가장 간단명료한 대답은 세친(世親)의 「유식30송(唯識三十頌)」중 첫 번째 게송에 나타나 있다. 세친은 처음에는 우주가 더 쪼개질 수없는 극미들로 이루어졌다는 학설에 심취했다가 이윽고 자기형 무착의 영향을 받아 미륵의 후예로 거듭난다. 얼마 후 그는후대 유식 사상의 새로운 문을 활짝 열어젖히는, 이른바 비밀의 열쇠가 될 게송을 짓는다. 그는 첫 번째 게송의 3구에서 다음과 같은 비밀스런 의미를 설한다.

세상에서는 아(我)와 법(法)으로 대변되는 갖가지 종류의가설(假說, upacāra)이 행해진다. 그 가설은 식(識)이 변현해낸 영상(影像)에 의거한다.
_『성유식론』 제1권

옛 주석가들에 따르면, '가설'의 범어 '우빠짜라'는 은유적 표현을 뜻한다. 세상의 모든 이름은 본래 가짜 이름이고, 은유적 가치밖에 지니지 않는다. 왜냐하면 모든 이름은 '마치 …처럼 나타난 것[似現]', 다시 말하면 나의 '식'이 변현해낸 환영들에 붙여진 것이기 때문이다. 이것은 가짜에 대한 가장 인상적인 학설로, 그 취지를 조금 쉽게 풀이하면 다음과 같다.

> 나는 오늘 낮에 느리고 둔하게 걸어오는 한 친구를 보면
> 서 '곰이 온다'고 말했다. 평소엔 그를 '박아무개'라고 부른
> 다. 이때 '곰'이라는 가짜 이름뿐만 아니라 '박아무개'라는
> 본래 이름 역시 모두 가짜이자 은유적 표현이다. 가령 내
> 가 느린 걸음의 그를 '곰'이라고 은유적으로 표현할 때, 나
> 는 곰이 없는 곳에 마치 곰이 있는 것처럼 저 곰이라는 가
> 짜 이름을 상정한다. 놀라운 것은, 내가 평소의 그를 '박아
> 무개'라는 본래 이름으로 부를 때도 그러했다는 것이다. 나
> 는 20년 전 몇 월 며칠, 그저께 아침, 오늘 낮, 방금 1초 전
> 에 달리 현현했던 일군의 환영들의 유사성을 가리켜 '박아
> 무개'라고 불러왔다. 말하자면 나는 박아무개라는 단일한
> 주체가 없는 곳에 마치 그것이 있는 것처럼 그 가짜 이름을
> 상정한 것이다.

미륵의 후예들에 따르면, 'A가 없는 곳에 마치 A가 있는
것처럼 A라는 가짜 이름을 상정하는 것'이 바로 은유적 표현
이다. 가령 사람, 왕, 수행자, 나무, 장미, 책상, 동전, 빗방울, 번
개, 믿음, 희망, 숫자 1, 2025년, 수요일 등도 모두 그러하다. 그
리고 세상의 모든 말이 은유적 표현이라면, 그 말로 가리켜진

모든 것들도 가짜다. 그것은 '마치 …처럼 나타난 것', 즉 나의 식이 변현해낸 환영들이기 때문이다.

저 가짜에 대한 학설은 철학사의 한 획을 긋는 파격적 주장으로, 내게는 한없이 자유로운 길을 열어주었다. 만약 하나의 말과 하나의 실재가 필연적으로 들어맞게 되어 있다면, 이런 곳에서 내가 할 수 있는 것이라곤 세상의 모든 말의 정확한 발음을 그대로 따라 하며 살아가는 것뿐이리라. 그러나 미륵의 후예들이 가르친 대로 세상을 관찰해보니, 내가 스스로 환술사가 되어 환과 같은 말을 가지고 환과 같은 일을 끝도 없이 지어낸다는 것을 알게 되었다. 이런 곳에서 나는 어떤 반박도 허용치 않는 논문을 쓰기도 하고, 혹은 남의 흥미를 이끌려고 몽환적 이야기를 지어내기도 하지만, 어쨌든 내 말이 절대적 진리라고 강변할 수는 없다. 왜냐하면 나의 가짜 말들은 언제나 실상과 어긋날 것이기 때문이다.

그러나 나의 모든 가짜 말은 나름대로 은유적 가치를 지니고 있다. 만약 누군가 내 말의 유연한 의미를 알아준다면, 나의 모든 가짜 말도 진실 아님이 없으리라. 또 만약 옛 스승의 한마디가 내게 그랬던 것처럼, 나의 한마디가 다른 누군가의 정신 속에 끼어들어 뜻밖의 반향을 일으킬 수 있다면 그 이상 무엇을 바라겠는가.

환상의 세계에 사는
환술사

어떤 교설을 받아들인다는 것은 그 교설대로 세상을 관하면서 살아간다는 것이고, 또한 거기서 고통의 근원과 그로부터 빠져나올 출구를 찾는다는 것이다. 나는 '세상의 모든 이름은 모두 은유적 표현[假說]이다'라는 학설을 받아들인 이후로, 자연스럽게 어떤 환상(幻狀)의 세계를 관하면서 많은 시간을 보냈다.

환상의 세계에서는 보고 듣고 생각하는 모든 것이 다 환상으로 간주된다. 그것들은 단지 마음에 '마치 …같이 나타난 것'으로 간주되기 때문이다. 그러니까 이곳에서는 마치 산 같은 것, 마치 나무 같은 것들만 존재하고, 그것들을 가리킬 때는 '산', '나무'라는 가짜 이름이 사용된다. 또 '나'라는 것도 하나의 환상을 대표하는 가짜 이름에 불과하다. 오히려 온갖 환상을 지어내는 어떤 환술사가 이곳의 진정한 일원으로 등장한다.

불교도에게는 이 세상이 마치 꿈과 같고 환영과 같다고 하는 말이 그리 특별하지 않을 것이다. 아마도 한 번쯤 이런 문구를 읊조리거나 들은 적이 있으리라.

> 모든 유위법(有爲法, 인연으로 만들어진 것)은 꿈과 같고 환영과 같고 물거품과 같고 그림자와 같으니 (…) 마땅히 이와 같이 관할지어다.
> _『금강경』 마지막 게송

이처럼 덧없고 무상한 세계와 저 환상의 세계는 크게 다를 바 없다. 만약 누군가 모든 것이 허깨비 같다고 깊이 느끼고 있다면, 그는 저 환상의 세계에 가까이 가 있는 것이다. 그런데 만약 그가 '세상의 모든 이름은 다 은유적 표현이고, 그 은유로 가리켜진 대상들은 자기 마음이 현현해낸 환상이다'라고 관한다면, 저 환상의 세계가 비로소 명료하게 드러날 것이다. 그러니까 마치 밤이 되면 더욱 빛을 발하는 도심 뒷골목의 상점들처럼, 내가 그 풍취를 느껴보려고 찾아다니면 뚜렷하게 보이는 그런 세계인 것이다.

아주 미세한 세계를 보려는 사람은 현미경을 통해 보고, 아득히 먼 우주를 보려는 사람은 망원경을 통해 보듯, 저 환상의 세계를 관하는 사람들은 대개 유명론(唯名論)과 관념론(觀念論)이라고 하는 철학적 기조를 유지한다. 미륵의 후예들과 한배를 탄 사람들은 처음엔 유명론에 심취했다가 나중엔 관념론으로 기운다. 그것이 저 환상의 본성을 잘 설명해주기 때문이다. 그러니까 보통 사람들은 단지 언어의 흐릿한 거울을 통해서 실재하는 듯한 세계를 보지만, 미륵의 후예들은 두 개의 철학적 거울을 통해서 환 같은 세계를 본다. 내가 '환상'이라는 말을 계속해서 사용하는 이상, 아무래도 그 이론적 배경을 잠시 살펴볼 필요가 있을 것 같다. 이 두 종류의 철학 이론이 낯설게 여겨진다 해도, 불교도라면 어디선가 한 번쯤 들었던 설법과 유사하다고 느낄 것이다.

만약 어떤 사람이 다음과 같이 생각하고 있다면, 그는 유명론자의 관점으로 저 환상의 세계를 관하는 것이다.

세상의 모든 이름은 본래 가짜 이름으로, 그 자체로는 빈 이름에 불과하다. 하나의 이름에 딱 들어맞는 어떤 실체가 본래 존재하지 않기 때문이다. 다만, 하나의 가짜 이름은 '마치 …같은 것' 혹은 '유사한 것'들을 가리킬 뿐이다. 바로 그런 이유에서 하나의 이름은 유사성을 통해서 수많은 것을 가리킬 수 있다. 가령 연꽃이라는 이름을 예로 들어 보자. 아주 밀접한 유사성을 띠는 사물들을 가리키면서 '연꽃'이라 할 때가 있다. 이 경우 그 이름은 분홍색이나 흰색 등의 꽃이 피고 연못이나 늪지에서 자라는 어떤 일군의 식물을 가리킨다. 또는 다소 느슨한 유사성을 띠는 다른 사물을 가리키면서 '연꽃'이라 할 때가 있다. 이 경우 그 이름은 때 묻지 않은 아름다움을 지닌 여인을 가리킬 수 있다. 나아가서는 아주 거대한 유사성 안에 서로 맞물려 돌아가는 불국토 전체를 상징하는 이름으로 '연꽃'을 쓰기도 한다. 연화장세계(蓮華藏世界)가 바로 그런 경우다.

이와 같은 식으로 세상을 관하는 사람은 현자가 될 가능성이 높다. 가령 어떤 이가 저 '연꽃'이라는 하나의 이름이 종횡무진 옮겨 다니며 수많은 환상을 그리기도 하고 지우기도 한다는 것을 깊이 관찰했다고 치자. 그렇다면 그는 자기 마음이 '사자'의 형상을 인식하거나 '부처'의 형상을 인식하거나 '진여'의 형상을 인식한다 해도 그것이 다 가짜임을 알 것이다. 왜냐하면 그 형상들은 자기 마음이 '사자'나 '부처'나 '진여'라는 이름을 가지고 그려낸 언어적 환영임을 알기 때문이다.

아마도 그는 빈 이름을 어떤 실체와 동일시하게 될까 염려하면서 『금강경』의 문구를 자주 떠올릴지도 모른다. 가령 그가 무슨 말을 하다가 '세계'라는 단어를 발성했다면, 마음속으로는 자동으로 이런 후렴구를 떠올리고 있을 것이다. "내가 말하는 세계란 (실재하는) 세계가 아니라 그 이름이 세계일 뿐이다." 아울러 미륵의 후예들의 명단 안에 첫 번째와 두 번째로 이름을 올린 무착과 세친 형제가 그 경전에 심취했던 사람들이었음을 잊어서는 안 된다.

그렇다면 하나의 말이 본래 환영 같은 것을 가리킨다고 관하는 사람은, 다시 그 환영이 어디에서 유래했다고 관할까. 그들은 하나의 말에 꼭 들어맞는 실체가 외부에 독립적으로 존재한다고 생각하지 않는다. 아마도 저 언어적 환영들은 내면의 어딘가로부터 온 것이라고 생각하지 않을까. 유명론이 관념론과 잘 통하는 이유도 바로 여기에 있다. 미륵의 후예들은 그에 관한 많은 해석을 쏟아내었고, 그것이 후대에 『성유식론』이라는 책으로 집대성되었다. 그러나 그에 앞서 그들이 사상적 근거로 삼는 한 경전에서 이미 다음과 같은 비유로 설하였다.

마치 능숙한 환술사가 (…) 풀잎·나무토막·기왓조각·조약돌 등을 모아놓고, 갖가지 환 같은 사물들을 지어내면 (…) (어리석은 중생들은) 그가 본 대로 들은 대로 굳게 집착하

옛 주석가들에 따르면, 환술사란 업(業)이나 미혹을 비유
하는 것으로도 볼 수 있다. 그러나 가장 능숙한 환술사의 지위
를 얻는 것은 바로 식(識) 혹은 마음이다. 그것이야말로 자신
조차 깜빡 속는 생생한 현실을 지어내기 때문이다.

'모아놓은 풀잎·나무토막' 등이란 마음 안에 내재된 언어
를 비유한다. 언어의 마술적 기능을 터득한 자들은 그 언어의
힘으로 무엇이든 지어낼 수 있다. 만약 그의 마음이 '산'이나
'나무'라는 말을 떠올릴 수 있으면 그의 마음에 곧장 산 같은
것, 나무 같은 것이 현현하기 때문이다. '갖가지 환 같은 사물'
이란 바로 마음에 현현된 그런 언어적 환영들을 비유한다.

『해밀심경』에서 언급했듯, 안타깝게도 저 환술사는 범부
로 살아갈 가능성이 높다. 그는 필시 자기가 보았거나 들은 대
로 그 환상들이 실재한다고 여기면서 이런저런 말장난[戱論]
을 끝도 없이 일으킬 것이기 때문이다. 그는 살아 있는 동안
계속해서 저 환상의 세계를 꿈꾸지만, 자기가 꿈꾸는 줄도 모
르다가 죽음에 이르러서야 그 꿈에서 깨어날 것이다.

그렇기에 『금강경』의 주문을 깊이 새긴 환술사는 매 순

간 환상 탈출을 시도함으로써 현자로 살아가게 될 것이다. 여전히 찰나 생멸하면서, 시시각각 달리 현현하는 실물들의 세계는 본래 말해질 수 없는 것이라고 믿으면서 말이다. 반면 어떤 환술사는 자기가 만들어낸 환상에 스스로 속으면서 범부로 살아갈 것이다.

그런데 나는 이런 생각도 든다. 최고의 환술사는 어쩌면 자기가 만든 환상마저도 저절로 현현했다거나 자연히 생겨났다고 믿게 만드는 자가 아닐까. 그렇게 스스로를 감쪽같이 속일 수 있는 바로 그것이 범부의 마음이다. 그들은 대체 어떤 환술로 그렇게 하는 것일까. 다음 글에서 그에 관해 좀 더 자세히 이야기해보자.

아뢰야식의
경이로운 환술

“환상의 세계에서 ‘최고의 환술사’란 스스로를 홀리는 범부의 마음이다.”

　이렇게 말하는 사람은 다시 또 자기가 한 말에 스스로 속게 된다. 자신이 마치 창조자가 된 듯한 기분이 들기 때문이다. 이것을 순전히 착각이라고만은 할 수 없다. 물론 도력 높은 불보살들은 중생 교화를 위해 환 같은 일들을 변화로 지어내지만, 그 환상에 스스로 속지 않는다. 반면, 우리 범부들은 스스로 지어낸 환상이 마음 바깥에 굳건히 존재하는 항구적 세계라고 믿는다. 이에 미륵의 후예들이라면 필시 그런 전도된 믿음이 범부의 근원적 무지[無明] 때문이라고 말할 것이다.

그런데 이렇게 생각해보자. 범부의 마음이 현현해낸 세계의 형상들은 너무나 생생하고 정밀하고 다채로우며, 게다가 지속적이기까지 하다. 만약 범부의 마음 안에 그처럼 풍요롭고 견고한 세계를 현현시키는 능력이 있다면, 어쩌면 그는 자기도 모른 채 어떤 비밀스런 창조 행위에 깊이 관여되어 있는 것이 아닐까. 이 글에선 가능한 한 '범부의 마음'에 대한 멋진 환상을 지어보려 한다. 기왕에 '최고의 환술사'라는 명예까지 부여했으니, 범부의 무지나 어리석음보다는 그 마음의 경이로움에 초점을 맞춰보고 싶다.

불교적 윤회관에 따르면, 범부의 마음은 찰나마다 무거운 업력에 떠밀려서 고통의 바다를 떠돈다. 이런 비극적 관점이 불교도들 사이에서는 보편적으로 받아들여지고 있다. 그러나 그런 비극이 실재한다고 생각하면 그 또한 집착이다. 우리는 비극적 장면에서 독특한 아름다움과 경이로움을 볼 수도 있다. 그 비극을 다른 관점에서 보면, 최고의 환술사가 찰나마다 경이로운 환술을 써서 환상의 세계를 현현하는 것이다. 그러니까 '무거운 업력'이란 '경이로운 환술'로 드러나고, 평생 고통의 바다를 떠도는 일이 실은 매 순간 저 환상의 세계를 창조하는 것이 된다.

환상의 세계에 대해 체계적이고 백과사전적인 문헌들을 편찬했던 미륵의 후예들 사이에서는 어떤 '창조 신화'가 암묵적으로 받아들여지기도 한다. 그 신화에 따르면, 환상의 세계는 희론(戱論, 무의미한 말장난)에 의해 창조된 것이다. 무시이래로 범부의 마음은 가짜 이름과 그에 의해 지시되는 어떤 환영을 통해 세계를 분별하였다. 주지하다시피, 이 환상의 세계에선 가령 '장미'라는 이름으로 '마치 장미 같은 것'을, '나무'라는 이름으로 '마치 나무 같은 것'을 가리킨다.

그런데 어떤 행동을 반복하면 일정한 경향성이 생기는 것처럼, 무시이래로 이어져온 언어적 관행은 범부의 마음에 보이지 않는 흔적을 남긴다. 그리하여 그가 죽은 후에도 그것이 계속해서 살아남아 또 다른 환상의 세계를 찾아 나서게 만든다. 이곳에서는 그 흔적들에 대해 여러 가지 은유적 표현을 부여한다. 옷에 배인 냄새와 유사하기 때문에 '언설희론(言說戱論)의 습기(習氣)'라고도 하고, 언젠가 싹을 내게 될 씨앗과 유사하기 때문에 '명언종자(名言種子)'라고도 한다. 다시 그 흔적을 간직한 마음에 대해서도 여러 가지 은유적 표현을 부여한다. 무엇인가를 저장하는 창고와 유사하기 때문에 '아뢰야식'이라고도 하고, 무시이래로부터 직전 순간까지의 모든 것에 대한 기억을 간직한다는 의미에서 '일체종자식(一切種子識)'이라고도 한다.

이러한 창조 신화에 따르자면, 모든 환술사는 이 환상의 세계에 올 때 문서를 갖고 오는 것이 아니라 기억을 갖고 온다. 언어의 기억, '아뢰야식에 저장된 명언종자' 말이다. 그것이 바로 환술사들의 경이로운 환술이다. 말을 습득한 사람은 누구라도 그 말의 공능(功能)으로 저 환상의 세계를 자유자재로 지어낼 수 있다. 가령 내가 지금 창밖의 풍경을 본다고 치자. 나의 마음은 하늘과 산의 경계를 가르는 선을 인식하고, 그 산 아래에 늘어선 높고 낮은 아파트의 형태를 인식한다. 이러한 세계의 모습은 나의 마음이 하늘, 산, 아파트 등과 같은 이름으로 그린 그림이다. 말하자면 마음속에서 하늘, 산, 아파트라는 이름이 떠올랐기에 하늘과 산과 아파트의 경계가 분명해지고 서로 다른 형상들로 구분된다. 반면에, 마음속에서 이름이 떠오르지 않은 많은 형상은 명확하지 않은 비밀스러운 그림들로 숨겨진다.

또 이곳에서 이루어지는 창조 행위라는 것은 우리가 일반적으로 알고 있는 것과는 사뭇 다르다. 이곳에선, 세계의 형상을 인식한다는 것이 바로 세계 창조 행위와 같은 것이다. 그 이유는 이런 것이다. 아뢰야식의 명언종자는 무시이래로부터 방금 직전 순간까지 연을 따라 증장하며 이어져왔다. 지금 이 순간 세계 전체의 형상은 명언종자를 직접적 원인[因緣]으로 하여 현현된 것이다. 그러니까 아뢰야식이 세계 전체의 그림을 그리는 순간에 도달하기까지는 무수한 겁이 소요되었지만, 그 그림을 그리는 데는 단지 한 찰나면 충분하다. 그래서 찰나마다 '식(識)'이 생할 때면 세계 전체의 그림도 다 함께 생하고, 식이 멸할 때면 세계 전체의 그림도 다 함께 멸한다.

또 식이 찰나마다 생멸함에 따라 식의 명언종자도 찰나마다 생멸하지만, 그 명언종자가 전후로 유사하게 이어지기에 그것의 공능으로 현현되는 세계의 그림도 전후로 유사하게 이어진다. 그래서 범부의 마음은 매일 아침 눈을 뜰 때마다 유사한 세계의 그림을 보게 되고, 그곳이 자기가 태어난 고향이라 여기거나 자기가 살고 있는 지구의 모습이라고 생각하면서 오랫동안 머물고 싶어 하는 것이다.

이쯤에서 잠시 미륵의 후예들이 일러준 환상 탈출의 비방을 다시 떠올려보자. 나는 가설(은유적 표현)에 대한 학설로부터 출발해서, 최고의 환술사(범부의 마음)라는 주제에 이르렀다. 불교도라면 모양도 없고 보이지도 않는 마음에 대해 말하려고 할수록 점점 더 진실로부터 멀어지지 않을까 경계할 것이다. 그런데 '환술사'라는 말이 하나의 가짜 이름이듯, '마음'이라는 것도 하나의 가짜 이름에 불과하다. 따라서 『성유식론』 제2권에서는 이렇게 말한다.

마음 바깥에 경계가 실제로 있다고 하는 허망한 집착을 버리게 하려고 '오직 식만 있다[唯識]'고 가짜로 설하였다. 오직 '식'만 참으로 실유(實有)하는 것이라고 집착한다면, 마

157

치 바깥 경계에 집착하는 것처럼 또한 법에 대해 집착하는 것이다.

『성유식론』에 대한 가장 권위 있는 주석서를 쓴 규기 스님은 이 문구에 다음과 같은 주석을 달았다.

세상의 모든 이름과 마찬가지로, 마음 혹은 '식'이라는 말도 하나의 가설(은유적 표현)이기에 '환 같은 것'을 가리키는 것이다.
_『성유식론술기(成唯識論述記)』제2권

이런 관점에서 보면, 내가 지금까지 범부의 마음에 대해 이런저런 이야기를 하는 것도 결국 온갖 가짜 말로 수많은 환영을 불러일으키는 것일 테다. 마음이라는 것도 하나의 환영이니, 마음에 관한 나의 이야기는 그 환영의 환영일 것이요, 어쩌면 여러분의 마음에선 그 환영의 환영의 환영이 나타날 것이다.

그렇다 해도 나의 이야기가 전적으로 거짓인 것은 아니다. 가령 꿈속에선 죽은 자가 살아 있는 사람처럼 나타나 위험을 알려주기도 한다. 만약 환 같은 내가 환 같은 말로 우리들의 실재론적 집착에 가느다란 실금을 낼 수 있다면, 우리는 함께 부처님의 길을 따라가고 있는 것이리라. 그땐 어쩌면 우리 귓가에 환 같은 칭찬의 음성이 들릴지도 모른다.

> 훌륭하고 훌륭하도다, 선남자여. 그대들은 여러 보살과 말세의 중생을 위하여 보살의 환 같은 삼매를 닦아 방편으로 점차 모든 중생들을 환에서 벗어나게 하는구나.
> _『원각경』 제1권

세계 속에 숨겨진
과거의 그림자

많은 사람들에게 '습기(習氣)' 혹은 '종자(種子)'라는 은유적 표현은 모호하게 다가올 수 있다. 그 가짜 이름이 우리에게 익숙하지 않은 어떤 환영을 가리키기 때문이다. 미륵의 후예들에겐 명료하게 보이지만 우리에겐 잘 보이지 않는 어떤 환영들 말이다. 그래서 이번 글에서는 그에 관한 이야기를 조금 더 보충하려 한다.

앞서 살펴보았듯이, 범부들의 심층 아뢰야식 안에 잠재해 있으면서 갖가지 환영을 만들어내는 특수한 공능을 일컬어 '언설희론의 습기' 혹은 '명언종자'라고 한다. 그것은 비유하자면 저 환상의 세계를 지어내는 환술사의 환술(종자)과도 같다. 보이지도 만져지지도 않는 그 환술의 경이로움은 그것이 지어낸 가시적인 환상의 세계를 관찰함으로써 간접적으로 알려질 수도 있다. 이런 생각을 가지고 환술에 대한 사색을 이어가려는데, 실제 내용은 환상의 세계에 관한 이야기가 주를 이루게 될지도 모르겠다.

우선 이전 글의 한 문구를 실마리로 삼아 시작해보겠다. 거기에 부연 설명을 필요로 하는 어떤 실마리가 담겨 있기 때문이다.

아뢰야식이 세계 전체의 그림을 그리는 순간에 도달하기까지는 무수한 겁이 소요되었지만, 그 그림을 그리는 데는 한 찰나면 충분하다.

내가 이 문구를 쓰고 있을 때, 실은 『성유식론』에서 언급한 두 종류의 인과를 생각하고 있었다. 첫째는 전후로 이어지는 두 찰나의 짧은 시간 속에서 직전의 것과 등질적으로 이어지는 결과[等流果]가 현현하는 것이다. 가령 지금 내 눈앞에서 보이는 사물의 형상이 전후로 동일한 것처럼 나타났다면, 마음 안의 명언종자가 찰나마다 이어지며 유사한 결과를 내고 있기 때문이다. 둘째는 생과 생을 넘어가는 기나긴 세월 속에서 원인과 다르게 무르익은 과보[異熟果]가 현현하는 것이다.

가령 전생에 지은 업의 힘으로 현생에 사람 세계에 태어났다면, 그것은 선하거나 악한 업의 종자가 '달리 무르익어[異熟]' 선도 악도 아닌 무기(無記)의 과보(과보의 세계 그 자체는 선도 악도 아님)를 내기 때문이다.

『성유식론』에 따르면, 아뢰야식은 두 가지 인과의 섭리를 따르면서 매 순간 세계 전체의 그림을 그리고 있다. 그러니까 아뢰야식이 세계 전체의 그림을 그리는 데는 단지 한 찰나면 충분하지만, 그런 그림을 그리게 되기까지 무수한 겁이 소요된 것이다. 만약 누군가 지금 벚꽃이 만발한 풍경을 보고 있다면, 그런 세계의 풍경은 방금 창조된 것이면서 또한 그 속에 무수한 과거의 그림자를 은밀하게 숨기고 있는 것이리라. 미륵의 후예들에 따르면, 이러한 환 같은 일은 언제나 '단박에 [頓]' 실현된다. 바로 언어의 경이로운 환술 때문이다.

잠시 미륵의 후예들이 암묵적으로 받아들였던 '창조 신화'를 환기해보자. 그에 따르면, 이 세계는 언어적 유희(희론)의 결과로 창조된 것이고, 다채로운 언어적 환영들이 출몰하는 곳이다. 이런 곳에서는 마치 하나의 이름이 그와 대응하는 대상의 형상을 드러내는 것과 흡사하게, 아뢰야식의 명언종자로부터 갖가지 언어적 환영들이 '단박에' 현현한다. 이런 창조 신화 안에서는 모든 사물이 "단박에 하나의 형상을 변현해낸다(『성유식론』제1권)"고 하는 주장이 힘을 얻는다.

반면에 '이 세계가 극미로 이루어졌다'고 하는 오랜 학설은 그리 진지하게 받아들여지지 않는다. 극미도 하나의 가짜이름으로, 더 이상 쪼갤 수 없는 물질의 한계점[色邊際]에서 나타나는 어떤 환영을 가리키기 때문이다. 결국 범부의 마음은 일군의 극미(極微, 원자)들의 시공간적 배열상에서 '이윽고' 어떤 형상을 발견하는 것이 아니라, '단박에' 하나의 꽃의 형상을 보고 한 마리 소의 형상을 본다. 요컨대 저 환상의 세계에서는 모든 언어적 환영들이 단박에 출현한다. 그것은 언어의 경이로운 환술 때문이다. 미륵의 후예들의 표현을 따르자면, 명언종자의 공능 때문이다.

다시 우리의 관심을 심층의 아뢰야식으로 돌려보면, 그곳에서는 더욱 놀라운 일들이 벌어진다. 가령 '범부의 마음에서는 하나의 사물의 형상이 단박에 나타난다'고 한다면, 그것은 쉽게 받아들일 수 있다. 그런데 '세계 전체의 형상이 한꺼번에 단박에 나타난다'고 한다면, 그것은 이해하기 어렵다. 그것은 마치 세계 창조가 한순간에 완료되었다는 말처럼 들리기 때문이다. 어쨌든 미륵의 후예들은 이렇게 말한다. 아뢰야식은 언제나 기세간(器世間)의 형상을 "단박에 분별하여 알아차리고 있다(『성유식론술기』 제3권)." 말하자면 아뢰야식은 세계의 단편적 형상을 점차적으로 알아차리는 것이 아니라, 언제나 세계 전체의 형상을 일시에 한꺼번에 알아차린다.

그런데 우리는 저마다 자기 마음 안에서 그런 일이 벌어지고 있는 것을 전혀 알아차리지 못한다. 표층 의식의 분별이란 너무 거칠고 단편적인 것이어서 그처럼 극히 미세하고 극히 광대한 아뢰야식의 세계는 감지하지 못한다. 또 심층의 아뢰야식은 거의 무분별이기에 '내가 이러한 환술로 이러한 환상의 세계를 현현하였다'고 하는 자각을 일으키지 못한다. 마치 찰나마다 직전과 유사한 세계 전체의 그림을 그렸다가 지우기를 반복하는 고독한 창조자이자, 찰나마다 명멸하는 자기만의 세계를 무심히 지켜보는 고독한 관객과 같다고나 할까.

이 대목에서 내가 지금까지 분명히 밝히지 않은 또 하나의 경이로운 장면에 대해 살펴보고 넘어가야 할 것 같다. 지금 이 순간 내 마음에 세계의 그림이 현현할 때, 그 한 찰나 이전에 이미 무수한 겁이 흘러갔다. 어떤 현상의 연원을 꼼꼼히 따지자면, 무한대의 과거로 거슬러 올라갈 수 있다. 만약 나의 아뢰야식에 현현된 저 환상의 세계가 또한 나의 무수한 과거의 그림자이기도 하다고 관할 수 있다면, 내 마음이 그린 순간적이고 정묘한 세계의 그림 속에 지나간 무수한 과거의 환영들이 비밀스럽게 표현되어 있음에 다시 놀라게 될 것이다.

이런 놀라움이 나로 하여금 다시 처음의 질문으로 돌아가게 하였다. '저 환상의 세계를 만든 진정한 환술사는 누구인가.' 여기에선 '한 찰나에 존재했던 고독한 창조자'의 환영은 자취를 감추게 된다. 그 대신 '무수한 과거의 곳곳에 흩어져 있던 이름 모를 수많은 존재들의 행위 속에 이미 미래에 보게 될 그림이 간직되어 있었다'라고 하는 가설이 힘을 얻는다. 나는 좀 더 대담한 상상도 받아들인다. 만약 누군가 어느 날 변두리의 한 동물원에서 보았던 호랑이의 무기력한 표정에서 몇천 년 전 자기를 해쳤던 한 포악한 군주의 형상을 보았다고 말한다 해도, 나는 그의 말이 전적으로 헛소리라고 부정하지는 않을 것이다.

지금까지 내가 한 말은 비록 가짜이지만, 나름 설득력이 있다고 생각하는 독자들 중 누군가는 잠시 그것에 공감을 했을지도 모른다. 사실 옛 선현들이 '아뢰야식'이라든가 '종자'라는 가짜 이름을 새로 정립해놓은 의도는, 그 개념을 가지고 조용히 내면으로 물러나 깊이 명상해보라는 뜻일 테다. 나는 그것들에 대해 사색하면서, 때론 고독한 창조자의 환영을 보기도 하고, 때론 보이지 않는 곳에서 암약하는 유일한 창조자란 존재하지 않는다는 생각도 한다. 그리고 잠시나마 마치 자신의 불가피한 운명과 화해하듯, 내가 이곳에서 보고 듣고 생각한 것이 실은 내가 과거에 지은 모든 업에 대한 정당한 되갚음이라는 것을, 그래서 환과 같은 나의 삶이 전적으로 거짓인 것만은 아님을 받아들인다.

나는 줄곧 '가짜'에 대해 생각하고 또 생각하였고, 앞으로도 그 길을 가려 한다. 이름[名]과 실재[實]가 서로 부합하지 않음을 쉬지 않고 관하다 보면, 그 가짜 이름들이 닳고 닳아서 끝내 사라지고 그것에 가려졌던 투명한 얼굴 하나가 드러나지 않을까.

몸과의 불가지한
우정에 대해

미륵의 후예들은 세상의 모든 것이 꿈과 같고 환과 같다고 하지만, 또한 그런 비유의 말로 도달하기 힘든 불가지(不可知)한 영역도 있음을 인정한다. 심층의 아뢰야식이 그러하다. 『성유식론』 제2권에서 말하길, "아뢰야식이 변현해낸 세계는 극히 미세하고 또 극히 광대하기에 불가지하고, 그 '식'의 작용은 극히 미세하기에 불가지하다"고 하였다.

여기서 '불가지'라는 말은 '결코 알려질 수 없다'는 의미라기보다는 '가짜 말로는 도달하기 어렵다'는 의미에 가깝다. 그래서 지금까지 아뢰야식의 세계를 마치 환과 같은 것으로 묘사하면서도, 또한 그것의 경이로움과 불가지성을 드러내려

하였다. 나는 아뢰야식이 변현해낸 모든 것을 불가지한 환영으로 받아들이지만, 유달리 몸에 대해서만큼은 특별한 정(情)을 느낀다.

불교적 윤회관에 따르면, 중생은 저마다의 몸과 그 몸이 의지하는 세상을 함께 과보로 받아서 태어난다. 사람은 사람 몸을 가지고 사람 세상에 태어나고, 물고기는 물고기 몸을 가지고 물고기 세상에 태어난다. 미륵의 후예들의 표현을 따르자면, "아뢰야식은 유근신(有根身, 감각기능을 가진 몸)과 기세간(器世間, 자연계)을 인식대상으로 삼는다." 그러니까 한 중생이 태어날 때 총체적 과보로 주어진 그의 아뢰야식은 자기만의 몸과 세계를 변현해내어 알아차린다. 그가 사람인 것은, 사람 마음에 알려지는 몸을 가지고 사람 마음에 알려지는 세상에서 살아가기 때문이다.

여기에 바로 우리가 평생 꾸는 꿈의 단순한 형식이 나타나 있다. 가령 나의 꿈속에서는 서울의 한 동네 풍경이 주로 나타나지만, 간혹 일본 도쿄 근교의 후지산 봉우리나 중국 윈난성 옛 도시의 정겨운 상점 등이 나타나기도 한다. 또 그 꿈속에는 다채로운 산천초목들, 길에서 스치며 지나간 낯선 얼굴들, 지하로 내려가는 돌계단 등도 포함되어 있다. 나의 마음은 평생 똑같은 공간을 꿈꾸지는 않지만, 언제 어느 곳에서든 살아 있는 나의 몸을 변함없이 드러낸다. 나의 마음은 아무것도 없는 허무 속에 나의 몸을 드러낸 적이 없고, 오히려 나의 몸이 움직임에 따라 그것을 에워싸고 있는 공간도 변하는 것처럼 느낀다. 그러니까 우리의 꿈속에서는 언제나 우리의 몸과 그것을 감싸고 있는 세계가 함께 나타나고, 이러한 꿈의 형식이 바로 우리 자신인 것이다.

그런데 나의 꿈속을 곰곰이 들여다보니, 나이가 들수록 세상사에는 크게 집착하지 않지만 몸에 대해서만큼은 망정(妄情)이 줄어들지 않음을 느낀다. 나는 어린 시절을 서울의 인왕산 자락에서 보냈고, 산, 바위, 돌, 초목 등과 깊은 우정을 쌓았다. 그래도 저 산천초목을 보고 있을 때면, 미륵의 후예들이 가르쳐준 환상 탈출의 비법대로 관하면서 다음과 같이 집착을 조금 덜어내기도 한다.

저 산과 바위는 나의 마음에 의해 생각된 산과 바위다. 그것들은 진짜가 아니라 단지 '마치 산처럼 나타난 것'이고 '마치 바위처럼 나타난 것'이다. 모두 환과 같은 사물이라서 굳게 집착할 것이 못 된다.

물론 나는 나의 몸에 대해서도 그런 관법을 시도해보았다. 그러나 몸만큼은 가짜가 아닌 살아 있는 실체처럼 느껴지고, 어딘가 아프면 그런 자각이 더욱 명료해졌다. 병세가 깊어지면 그 원인을 따져봐야 하듯이, 나는 내가 배운 학설 안에서 그럴듯한 설명을 찾아보기로 하였다.

　주지하다시피, 심층의 아뢰야식은 살아 있는 동안 끊임없이 자기 몸과 세계를 변현해내어 알아차리고 있다. 그런데 그 심층의 마음이 자기 몸을 알아차리는 방식과 세계를 알아차리는 방식은 근본적으로 다르다. 그 마음에 산천초목이 현현할 때 그것들은 마치 외부 세계에 속한 사물들처럼 나타난다. 그런데 그 마음에 자기 몸이 현현할 때 그것은 마치 살아 있는 내적인 실체처럼 감지된다. 그 이유는 몸이 '감각기능을 가진 몸'이기 때문이다. 가령 나의 시각이나 후각은 내 몸의 형태나 냄새 등을 인식하기는 하지만, 단지 몸의 단편적 표상만을 인식한다. 또 그러한 감각들은 잠시 일어났다가 쉽게 끊어진다. 그러나 저 심층의 마음이 자기 몸을 알아차릴 때는 몸을 이루는 '물리적 감각기관[扶根塵, 눈·코·입·귀 및 나머지 신체 부위]'과 그 기관들에 의지하는 '정묘한 감각기능[淨色根]'을 '항상 통째로' 붙잡고 있다. 그렇기 때문에 그의 육체는 무너지지 않고 존속하며, 항상 스위치가 켜져 있는 물체처럼(달리 말하면 마치 살아 있는 실체처럼) 직감되는 것이다.

　살아 있는 동안 아뢰야식과 몸은 그런 운명공동체가 되어 안락함[安]과 위태로움[危]을 함께한다. 한쪽이 안락해지면 다른 쪽도 안락해지고, 한쪽이 위태로워지면 다른 쪽도 위태로워진다. 그런데 만약 명과 복이 다하여 아뢰야식이 그 몸을 놓아버리면, 곧 그 몸은 점차 온기가 사라지고 얼마 후엔 으스스한 주검[尸解]으로 남겨진다. '식'이 떠나버린 주검은 더 이상 살아 있는 실체로 감지될 수 없고, 오직 타자의 아뢰야식에서 마치 돌이나 바위처럼 바깥 세계의 일부로 현현한다(『성유식론』제2권).

그런데 사실 저 심층의 아뢰야식은 자기 몸에 대해 정을 쌓고 집착한다고 볼 수 없다. 왜냐하면 그 마음은 대상을 분별하는 데 그리 훌륭한 능력자가 아니기 때문이다. '분별한다'는 것은 사물들 간의 미세한 차이를 지우고 공통점을 발견해서 일반화하고 추상화하는 것이다. 가령 어느 날 눈 덮인 북한산 자락을 보면서 "저 산을 봐"라고 말했다면, 그는 세상의 모든 개별적인 산들의 차이를 잊고 추상적인 '산'의 관념을 떠올린 것이다. 또 필시 그 눈 덮인 산의 아름다운 풍경이 마음에 들어서 '저 산'이라고 말했을 것이다.

그러나 저 심층의 마음은 극히 미세하고 불명료해서 '이것은 산이다', '이것은 눈이다', '눈 덮인 저 산은 아름답다'라는 식의 분별을 일으키지 않는다. 그것의 인식은 무분별에 가깝다. 그래서 심층의 마음은 이루 헤아릴 수 없을 만큼 미세하고 광대한 세계를 그대로 직관하면서 항상 담담한 느낌[捨受]으로 수용한다. 그 마음이 평생 자기의 몸을 통째로 붙잡고 있을 때도 당연히 그러할 것이다(『성유식론』 제3권).

지금까지 나는 어떤 고질적 증상의 원인을 알아보기 위해 『성유식론』 이곳저곳을 살펴보았는데, 어떤 처방전을 받았다기보다는 뜻밖의 진실과 마주한 듯하다. 문득 이런 생각이 든다. '나의 마음 저 깊은 곳에서는, 몸에 대한 허망한 집착을 쌓기보다는 이 몸과 불가지한 우정을 나누었던 것이 아닐까.' 그러니까 심층의 마음은 안으로는 비극의 씨앗이든 희극의 씨앗이든 모두 받아들여 자기의 비옥한 창고를 채우면서, 밖으로는 한 방울의 갈라람(羯羅藍, 모태 안에서 부모의 정혈이 화합해서 응결된 것)에서부터 흠결 없는 활기찬 육체를 거쳐 늙고 병든 몸에 이르기까지 그것을 모두 이 세계 안에 드러내준 게 아니었을까 싶다. 또 심층의 마음은 거의 무분별에 가깝기에, 나의 몸을 언제나 살아 있는 실체처럼 붙잡아주면서도 '이것이 진짜 나이다'라고 분별하지 않는다. 아마도 내 안의 변덕스럽고 거친 또 다른 식(識)이 그런 집착을 일으킨 것이리라. 언젠가는 그 이야기도 하게 될 것 같다.

타자의 주검에 의한
논증

나는 지금까지 미륵의 후예들의 관법(觀法)을 따르면서도 그들의 생각과 말을 약간 각색해서 전해왔다. 이번 생의 꿈에 반복해서 나타나는 몸과 세계는 마치 환 같은 것이라고 관하면서도 그것들의 경이로움과 신비를 애써 강조하였다.

그런데 이는 나의 바람[願]을 표현한 것이지, 실제의 현실을 말한 것은 아니다. 세계는 오래 존속하겠지만, 내 몸은 잠깐 이곳에 머물다가 사라질 것이다. 게다가 내 몸의 우울한 종말을 떠올려보면, 저 심층의 마음은 언젠가 자기 몸을 놓아버릴 것이고, 세계 속에 덩그러니 으스스한 주검만 남기고 떠날 것이다. 자신의 활기와 체력을 다 써버리고 이젠 꿈 없는 깊은 잠에 든 그 육체를 무엇이라 이해해야 할까.

이번 주제의 독특함에 흥미를 느끼는 사람이라도 미륵의 후예들 간에 오고 간 난해한 대화에는 공감하기 어려울지도 모르겠다. 분명한 것은, 여기서 그들 특유의 기이한 학문적 열정을 목격하게 될 것이라는 점이다. 기필코 모든 문제를 '유식(세상의 모든 것은 마음이 현현해낸 것)'의 이치와 조화시키려는 학문적 열정 말이다. 그런데 나는 왠지 이번 주제야말로 솔직하게 이야기해야 한다고 생각한다. 그래서 그들보다 훨씬 까칠하지만 좀 더 솔직했던 한 철학자의 경구로부터 시작해보려 한다.

> 우리는 죽은 사람이나 동물의 시체를 볼 때 우울한 기분에 휩싸인다. 그것은 '(사람이나 동물의) 형체는 실체가 아니라 단지 현상에 불과했음'이 그 시체로부터 가장 분명하게 나타나기 때문이다.
> _아르투르 쇼펜하우어, 『쇼펜하우어 인생론』, '1. 철학과 그 방법에 대하여' 중에서

이 문구는 그 책 두 번째 절에 수록되어 있고, 서두에는 '우리의 참된 존재는 죽음에 의해서도 소멸되지 않는다'라는 소제목이 붙어 있다. 좋은 책은 시공간을 초월할 뿐만 아니라

약간의 오역과 오독을 거치면서도 살아남는다. 전후 맥락을
고려할 때, 그 철학자가 말하려 했던 것은 이런 것이리라.

육체란 견고한 실체가 아니라 덧없는 현상에 불과하다.
죽은 시체가 그런 진실을 명백하게 나타내준다.

이제부터 소개할 『성유식론』의 난해한 논쟁의 끝에서도
그와 유사한 결론을 보게 된다. 만약 장황한 것을 싫어하는 사
람이라면, 이 짧은 경구만 되새겨도 좋을 것이다.

『성유식론』의 논주(호법 논사)도 저 철학자와 유사한 주
장을 펼치면서 그 결정적 근거로 '타자의 주검[尸解, 시체]'을
제시하였다. 그러니까 6세기에 활동했던 인도의 한 유식 논사
와 18세경에 살았던 독일의 한 철학자가 매우 유사한 논리를
펼치고 있는 셈이다. 다만, 어떤 개념은 미세한 조정을 받게
된다. 가령 저 철학자가 '죽은 사람이나 동물의 시체'라고 한
것은, 엄밀하게 말하면 '타자의 주검'이다. 내가 살아 있는 한
나의 주검을 보는 일은 없을 테니, 내가 보는 주검이란 결국
타자의 주검이다. 그리고 그 타자의 주검이 '타자의 몸[他身]'
에 관한 어떤 진실을 알려주고 있는 것이다. 그래서 서로 유
사한 주장을 펼치면서도 문장의 표현은 전혀 다르다. 『성유식
론』의 논주는 이렇게 말한다.

타자의 몸은 내적인 실체가 아니라 외적인 표상으로만 나타난다. 타자의 남겨진 주검이 그런 진실을 명백하게 나타내준다.

『성유식론』에는 명시적으로 나타나 있지 않지만, 위의 결론은 '나의 마음은 타자의 몸을 변현해내는가'라는 질문에서 비롯되었다. 이 물음의 의도를 분명히 알면, 대답의 취지도 쉽게 이해할 수 있다.

여기서 '몸'에 관한 학설을 잠시 환기해보자. 유식의 교리에 따르면, 한 중생의 아뢰야식(심층 의식)에 의해 각자의 몸과 세계가 현현한다. 그런데 사람이나 동물의 몸은 '감각기능을 가진 몸[有根身]'이라는 점에서 바깥 세계의 감각기능이 없는 돌멩이 등과는 다르다. 그래서 그것들이 인식되는 방식도 다르다. 나의 마음은 내 몸의 감각기능까지 통째로 붙잡고 있으면서 내 몸을 내적인 실체로 직관하지만, 반면에 바깥의 물체들은 외계의 객관적 표상으로만 인식한다. 그런데 그 바깥 세계의 풍경 속에는 사람이나 동물의 형상도 나타난다.

여기서 이런 의문이 생겨날 수 있다. 나의 마음은 '나의 감각기능을 가진 몸'을 항상 살아 있는 실체로서 직관하는데, 그렇다면 '타자의 감각기능을 가진 몸'도 그런 식으로 인식하는 것일까. 이 질문은, 『성유식론』의 표현을 따르자면 '나의 마음은 타자의 몸을 변현해내는가'라는 물음과 같다. 이에 대해 두 논사가 다음과 같은 대답을 제시하였다.

첫 번째 논사가 이렇게 답한다. "(나의 마음은) 또한 (타자의 몸의) 오근(五根, 다섯 종류의 정미한 감각기능)도 변현해낸다." 다시 말하면 나의 마음은 나의 감각기능을 가진 몸을 인식할 뿐만 아니라, 또한 타인의 감각기능을 가진 몸도 인식할 수 있다. 그런데 아뢰야식의 교설에 따르면, 이 대답에는 심각한 맹점이 있다. 만약 나의 아뢰야식이 타인의 감각기능을 가진 몸 자체를 변현해낸다고 인정한다면, 그것은 마치 이렇게 말하는 것과 같다. "나의 아뢰야식이 타인의 몸에서 한집살이하면서, 그 몸의 감각기능까지 통째로 붙잡고 있고 그것을 살아 있는 실체처럼 감지한다." 그런데 이런 일은 있을 수 없다.

두 번째 논사가 논리를 보완하여 답한다. "(나의 마음은) 오직 (타자의 몸의 감각기능을 떠받치는) 의지처[依處]만 변현해낸다." 다시 말하면 나의 마음은 타자의 몸의 감각기능 자체를 알 수는 없고 단지 그 감각기능을 지탱하는 물리적인 토대들, 즉 눈·코·입·귀 및 나머지 신체 부위만을 인식한다. 이때 타자의 육체는 바깥 세계의 사물들과 마찬가지로 단지 객관적 표상으로만 인식된다. 그 명백한 증거로 타자의 주검을 제시할 수 있다. 가령, 어떤 사람이 완전한 죽음에 들었을 때 그 사람의 식(識)에는 더 이상 그의 살아 있는 몸이 감지되지 않지만, 나의 '식'에는 여전히 그의 남겨진 주검[彼餘尸骸]이 나타난다. 이것은 '나의 마음이 타인의 몸을 내적인 실체로서가 아니라 단지 외적인 표상으로만 인식한다'는 것을 보여준다 (『성유식론』 제2권).

옛 주석가들에 따르면, 후자는 『성유식론』의 논주인 호법(護法)의 해석에 해당한다. 현장 스님 문하의 학승들은 그의 해석을 정설로 받아들인다. 만약 옛 주석서에서 '타자의 몸은 외적 기세간에 속한다'고 하는 아리송한 문구를 보게 된다면, 호법의 해석에 의거해서 그 의미를 이해하면 된다.

나는 『성유식론』뿐만 아니라 다른 문헌에서도 저 타자의 몸에 관한 논쟁을 목격한 적이 있다. 그때마다 내가 이 복잡한 논쟁으로부터 무엇을 얻게 되었는지 알지 못한 채, 정체 모를 여운만 남겨진 듯한 느낌을 받았다. 그런데 저 까칠한 철학자의 촌철살인의 경구 덕분인지, 이번에는 작은 소득이 있었다.

세상의 모든 학설은 동전의 양면 같은 의미를 지닌다. 간혹 그 감춰진 뒷면에는 예상치 못한 그림이 그려져 있을 수도 있다. 『성유식론』의 두 논사는 겉으로는 타자의 몸에 대해 논쟁하고 있지만, 실은 나의 몸의 감춰진 뒷면에 대해 말한 것이다. 내 마음에선, 나의 몸이 마치 동전의 양면처럼 실체 같기도 하고 표상 같기도 하다. 한 면이 없다면 다른 면도 없다. 그러니 내 마음의 등불이 꺼진 후에 남겨진 그 주검이 나의 몸일

수는 없으리라. 오직 타자의 마음에서 세계 속의 한 으스스한
표상으로만 나타날 테니까 말이다.

　내가 사라진 후에도 그 주검의 표상은 좀 더 오랫동안 세
계 속에 머물겠지만, 바깥의 돌멩이와 다를 바 없는 그런 표상
이 나의 참된 존재로 숭배되고 집착될 만한 것은 아니라는 생
각이 문득 든다.

규기의 마지막 탐색

이번 글은 한 위대한 학승에 관한 이야기다. 지금쯤 거의 잊혔겠지만, 2장의 글들은 처음엔 가짜[假]에 대한 학설로부터 시작했다가 어느샌가 심층의 마음(아뢰야식)에 대한 몽환적 이야기들로 바뀌었다. 그런 식으로 흘러가게 된 이유는 내가 전적으로 『성유식론』에 의지해서 글을 쓰기 때문이다. 『성유식론』은 현장 스님의 수제자인 자은규기(慈恩窺基)의 노고가 없었다면 이 세상에 빛을 보지 못했을 것이다. 그러니 내가 실은 규기 스님에게 크게 빚지고 있는 셈이다.

나는 규기 스님을 생각하면, 불교사 안에서는 수수께끼 같은 일들이 많이 벌어진다는 느낌을 받는다. 이처럼 총명하고 헌신적인 학승이 후대인에게는 미미한 관심과 사랑밖에 받지 못했으니 말이다. 내 나름대로 깊이 생각한 후에 이런 결론을 내렸다. 이 스님은 유식의 이치에 지나치게 열중한 나머지 자신의 목소리와 감정에는 거의 관심이 없었다. 그래서 남들과 쉽게 어울릴 수 없는 그런 사람이었던 것이다.

약간 안타까운 마음에, 내가 그 위대한 학승의 내면의 열정과 고뇌 그리고 그 목소리를 대변해보려 한다. 잠시 『성유식론』의 출발점으로 돌아가보자. 미륵의 후예들은 우리의 집착을 일으키는 강력한 힘을 '말'에서 찾았다. 모든 집착이란 사실상 하나의 빈 이름에 불과한 가짜 말에 집착하는 것이다. 그것을 일깨워주기 위해 다음과 같은 유식(모든 것은 오직 마음이 현현해낸 것)의 이치를 설한다.

> 모든 말은 본래 가짜 이름으로, 은유적 가치만을 지닌다. 말하자면 하나의 이름은 '마치 …같은 것', 즉 가짜 환영을 지시하고, 그 말로 지시되는 가짜 환영들은 오직 식(識)이 현현해낸 것이다.

이런 언어철학에 심취한 사람이라면, 세상의 모든 학설이 결국 가짜 이름들로 직조된 환 같은 구조물임을 그 누구보다 잘 알고 있을 것이다. 물론 규기 스님도 그러하였다.

그런데 생사윤회의 세계에선, 모든 고통으로부터 자유로워지기 위해 미래의 고통마저도 기꺼이 미리 받아들이려는 사람이 있는 것처럼, 저 가짜 말로부터 벗어나기 위해 가짜 말로 직조된 완벽한 이론 체계를 꿈꾸는 사람도 있다. 또 무릇 진리를 추구하는 자라면 자신들의 학설이 견고하고 지속적이길 바라지만, 언젠가 거기에 뚜렷한 실금이 나 있음을 알아차릴 수도 있어야 한다. 오로지 자기 의지로 그런 일을 모두 겪은 사람이 바로 규기 스님이다.

나는 언젠가 『성유식론』을 읽다가 잠시 책을 덮고 규기 스님에 대해 상상해본 적이 있다. 어떤 대목에서 스님이 분명 어떤 어려움에 직면했다고 여겨졌기 때문이다. 나는 문득 확신에 차 있던 스님이 불가피한 이론적 난관들을 어떻게 헤쳐나갔을지 궁금해졌다. 그리고 50세 남짓한 짧은 생을 살다 간 스님의 내면의 역사를 추적해보았다.

대략 7세기 중반 무렵, 현장 스님에 의해 선택된 제자 규기 스님은 자은사(慈恩寺)에 머물며 스승의 번역 작업을 돕고 있었다. 그때 어떤 문제가 그를 괴롭혔다. 사소한 것 하나도 대충 넘기는 법이 없는 이 총명하고 의욕 넘치는 제자는 스승이 인도에서 구해온 유식학 문헌들에 심각한 문제가 있음을 알아차렸다. 그것은 세친이 지은 「유식30송」에 대한 주석서들이었다. 안혜(安慧), 난타(難陀), 진나(陳那), 호법(護法) 등과 같은 10대 논사들의 해석이 각기 상이하고 의견도 분분해서 뭐가 대의(大義)인지 알기 어려웠던 것이다. 그것들을 따로 번역하는 것은 의미가 없다고 생각했다. 그래서 스승에게 각 논사의 해석을 일목요연하게 정리·종합해서 하나의 책으로 만들자고 청했다. 현장은 고심 끝에 다른 학인들을 역장에서 내보낸 후 규기와 단둘이서 『성유식론』이라는 책을 완성하였다(『성유식론장충추요』 제1권).

후대의 학자 중에는 이 젊은 학승의 야심 때문에 고대의 소중한 원본들이 상실되었다고 아쉬워하는 사람도 있지만, 나는 결코 그렇게 생각하지 않는다. 규기는 필시 그 방대한 종합을 완수해낼 수 있는 사람은 자기뿐이라고 생각했을 것이다. 그리고 그가 완성한 『성유식론』 자체가 또 하나의 불멸의 작품이었다.

현장의 외호 아래 날개를 단 규기는 자신의 야심 찬 기획을 실현해가면서 얼마간 행복한 상태에 있었으리라. 스승에게서 불교 논리학[因明]까지 단독으로 전수받은 터에, 수많은 문구를 삼지작법(三支作法, 일종의 삼단논법)으로 구성하고 방대한 단락들을 논리적으로 연결시키는 지난한 작업을 계속해나갔다. 그의 붓은 종이의 위아래를 빠르게 오르내리면서, 호법논사의 해석을 중심으로 하는 후대 유식설의 방대한 체계를 정교하게 엮어나갔다. 그 책의 제7권이 거의 끝나갈 무렵이었다. 드디어 '모든 것은 오직 식이 현현해낸 것'이라고 하는 핵심 종지를 성립시키는 논증이 거의 마무리되고 있었다.

이 진지한 학승은 '무릇 진리에 대한 이해를 증진시키려는 주석가라면 마땅히 외인(外人)들의 힐난들도 공평하게 다루어야 한다'고 생각했을 것이다. 그래서 제7권의 후반부에서 그 힐난들을 아홉 가지로 정리한 후, 용감하게 차례로 그것을 논파해나갔다. 어쩌면 과거의 호법이 현재의 규기의 손을 빌려 그렇게 한 것이리라. 그러다가 그는 마지막 두 가지 힐난 앞에서 잠시 붓을 놓았다. 여기서 그의 행복에도 잠시 먹구름이 드리워진다. 그 두 가지는 모두 '타자의 마음[他心]'에 관한 것으로, 유식의 교설에 심각한 균열을 내고 있었기 때문이다. 규기가 젊은이다운 패기로 일부러 그렇게 했던 것인지, 혹은 외인이 지나치게 똑똑해서 자연히 그렇게 된 것인지는 알 수 없으나, 어쨌든 첨예한 문답은 유식 논사에게 불리한 방향으로 흘러갔다. 그것을 조금 각색하면 다음과 같다.

한 익명의 외인이 등장하여 '타인의 마음'에 관한 문제를 꺼내 든다. 마치 묘수를 두듯, 그는 일단 '유식무경(唯識無境, 오직 내적인 '식'만 있고 외적인 경계는 없다)'의 교설을 인정하는 척하면서 이렇게 묻는다.

"그대들도 타심지(他心智, 타자의 마음을 아는 지혜)를 말하는데, 타자의 마음은 내 마음의 인식대상인가, 아닌가."

미륵의 후예라면, 당연히 편협한 유아론(唯我論)을 벗어나고 유식의 이치도 방어하기 위해 이렇게 답할 것이다.

"물론 타자의 마음도 존재하고, 그것은 내 마음의 인식대상이 될 수 있다. 다만, 나의 마음이 타자의 마음 자체를 직접 인식하는 것이 아니라 단지 '타자의 마음의 영상[他心相]'을 변현해내어 그것을 인식하는 것이다."

외인은 마치 기다렸다는 듯 다시 이렇게 몰아붙인다.

"그렇다면, 타자의 마음은 곧 (나의 마음 바깥에 있는) 다른 경계가 아닌가."

그러니까 정곡을 찌른 외인의 반론은 이런 것이다.

나의 마음은 대상의 영상(影像)을 변현해내어 그것을 인식한다는 의미에서는 유식의 이치가 인정된다고 치자. 타심지의 경우도 마찬가지다. '타자의 마음을 안다'는 것도 타자의 마음 자체를 인식하는 것은 아니고, 단지 타자의 마음의 영상을 변현해내어 그 영상을 인식하는 것이다. 그렇다면 타자의 마음 자체는 여전히 내 마음 바깥의 경계[外境]로 남아 있는 것이 아닌가.

규기가 이 반박의 의미를 모를 리가 없다. 저 유식무경의 교설 안에서 마지막까지 남는 유일한 바깥 경계는 바로 타자의 마음일 수도 있다는 사실 말이다. 그는 잠시 고민하다가 붓 끝에 힘을 실어 이렇게 적는다.

"기이하구나. 고집스럽게 사사건건 의심을 내다니. 어찌 유식의 교의가 단지 한 사람의 '식'만 있다고 말한 것이겠는가. (이하 생략)."

규기는 이런 논쟁이 모두에게 아무런 실익이 없다고 판단했던 것 같다. 그래서 옛 논리학[古因明]에서 전수한 논증의 기술을 떠올렸을 것이다. 상대가 너무 편벽된 고집[僻執]을 가진 자라고 판단되면, 논쟁하지 말고 빨리 빠져나오는 쪽[論出離]을 택해야 한다. "기이하구나. 고집스럽게 사사건건 의심을 내다니"라는 말은 그럴 때 쓰는 일종의 레토릭 같은 것이리라. 그리고 '이하 생략'이라 한 곳에서는 『성유식론』의 진정한 논주인 호법 논사의 정의를 짧게 요약해서 거듭 진술하였다.

나는 규기의 마지막 탐색이 실망스러운 것이었다고는 생각하지 않는다. 물론 그도 자신이 헌신했던 사상에 가느다란 실금이 나 있음을 알아챘을 것이다. 그러나 그것이 그의 길을 막지는 못하였다. 이후로도 그는 많은 불교 경론의 번역과 주석에 평생 온 지력을 쏟아부었고, 후대에 '백본(百本)의 소주(疏主)'로 불렸다.

무엇이 계속해서 그를 추동해간 것일까. 그 답은 가까운 데 있었는지도 모른다. 스승인 현장은 도솔천의 미륵이 설했다고 전해지는 '천상의 책(『유가사지론』)'을 구하러 목숨을 건 구법 여행을 떠났고, 귀국 후 역경에 종사하면서 임종 직전까지 항상 '미륵불'을 염하였다. 제자인 규기도 출가의 잠(箴)에서 기억할 만한 문구를 남겼다.

집 버리고 출가한 것은 무슨 까닭인가. (…) 단 한 차례 숨 멈추면 그대로가 다음 세상 (…) 이미 출가 인연 만나 가사까지 걸쳤으니 (…) 결정코 용화회상(龍華會上, 미래의 미륵불이 강림하여 설법할 장소)에서 친히 수기 받으리라.
_『치문경훈(緇門警訓)』「대당자은법사출가잠」

나는 최근에야 일본의 한 사찰에 보관되어 있는 규기의 진영(眞影)을 보게 되었다. 뜻밖에도 그 그림 속엔 복숭아처럼 고운 피부에 붉은 볼을 한 예쁜 청년이 다소곳이 앉아 있었다. 그 청년은 아마도 막다른 길에서 현장이 되고, 호법이 되고, 미륵의 후예가 되었을 것이다. 그리고 그들의 가슴속엔 이런 경구가 새겨져 있을 것이다.

교법에 의지하고 무상보리의 원(願)에 머물면서 지관(止觀)을 닦으라.
_『해심밀경』「분별유가품」

부처님의 교법도 실은 가짜 말에 의지하고 있다. 그런 사실을 망각하지 않는다면, 설사 도중에 난관에 부딪힌다 해도 교법에 대한 사색이 그를 보리와 해탈로 인도해줄 것이다. 철학적 이성이 막다른 곳에 이르면 보살의 원이 어둠을 밝힐 것이다. 그러니까 규기가 막다른 길에서 돌아 나와 계속 나아가도록 해주었던 것은 바로 교법에 대한 헌신, 그리고 미륵불을 친견하겠다는 간절한 원이었으리라.

영원의 모습

나는 자주 마음을 꿈에 빗대어 말하였는데, 유식의 이치를 성립시키는 논서인 『성유식론』의 진지한 관점이 그러하기 때문이다. 마음이 무엇을 알아차리는 것은 꿈을 꾸는 것과 본질적으로 다르지 않다. 꿈꾸는 마음이든 깨어 있는 마음이든, 바깥쪽으로 자기 환영을 투영하여 그것을 분별하기 때문이다. 꿈속에서 본 꽃이 꿈에서 깨면 오직 마음이 지어낸 것임을 알듯, 깨어 있을 때 보고 들은 모든 것도 언젠가 '진짜로 깨어나면[眞覺]' 오직 마음일 뿐임을 알게 된다(『성유식론』제7권).

이렇게 관하는 사람들에겐, 생사윤회란 '마음을 가진 자'가 꾸는 기나긴 꿈이고, 여기서 죽어서 저기서 태어나는 것은 하나의 꿈에서 깨어나 또 다른 꿈속으로 들어가는 것이다. 이 비유를 마뜩잖게 여기는 사람이라도 약간의 관용을 가지고 그 이야기를 들어보면 나름의 이익을 얻을지도 모른다. 그래서 그 꿈 이야기를 좀 더 밀고 나가보겠다. 아직까지 꿈의 진정한 신비는 말해지지 않았기 때문이다.

　우리가 꿈에 대해 말할 때는 주로 꿈속의 경계에 관한 것이다. 지난밤 꿈속에서 온전치 못한 기이한 형상을 보았다거나 혹은 죽은 사람이 산 사람처럼 나타나서 자기에게 말을 건넸다는 등의 이야기를 한다. 나 또한 마음에 대해 글을 쓸 때면 주로 몸과 세계(기세간)에 관해 말하곤 한다. 그것이 '심층의 마음'이 평생 반복해서 꾸는 꿈의 가장 단순한 형식이기 때문이다. 누차 말했듯, 중생의 아뢰야식은 자기만의 몸과 세계를 끊임없이 변현해내어 알아차리는 것이다.

　그런데 생각해보면, 꿈의 신비란 꿈속의 경계보다는 '꿈꾼다'고 하는 사실 자체에 있다. 꿈꾸는 줄도 모른 채 꿈을 꾸다가 다시 깨어난다고 하는 것은 얼마나 이상하고 놀라운 일인가. 또 마음은 색깔과 모양을 알아차리고, 소리를 알아차리며, 내지는 말과 감정, 기분 등도 알아차린다. 저 보이지도 만져지지도 않는 마음이 그처럼 다채로운 경계를 알아차린다는 것은 진정 하나의 신비인 것이다.

　여기서 조금 더 사색해보자. 우리가 관찰할 수 있는 마음이란 바로 지금 무엇인가를 알아차리는 마음이다. 한 찰나 현재의 마음 말이다. 거기에는 많은 것들이 담겨 있다. 만약 내 마음이 한 찰나라도 주의를 거둔다면, 불빛이 꺼지듯 나의 풍요로운 우주는 그칠 것이고, 나의 손도 더는 자판을 두드리지 못할 것이다. 그래서 영원을 갈구하는 자라면, '영원은 바로 이 한 찰나의 마음을 온전히 향유하는 것'이라는 희망을 품게 된다. 찰나와 영원. 그러니까 지금 이 순간 무엇인가를 알아차리는 마음을 관하는 사람들은 자기도 모르게 그 난감한 주제를 다루는 것과 같다.

이제 본격적으로 『성유식론』으로 들어가보자. 이 책 제2권에는 마음의 인식작용[行相]에 관한 네 사람의 가설이 진술된다. 예로부터 암송되길, '안난진호(安難陳護) 일이삼사(一二三四)'라고 하였다. 안혜·난타·진나·호법이라는 네 명의 논사가 그 차례대로 일분설(一分說), 이분설(二分說), 삼분설(三分說), 사분설(四分說)을 주장했다는 것이다. 이것이 저 찰나와 영원의 문제를 다룬 가장 훌륭한 사례는 아닐지라도 매우 독특한 사례가 될 수는 있다. 네 종류의 가설은 표면적으로는 마음의 작용에 대해 말하고 있지만, 어떤 면에서는 찰나와 영원에 대한 진술이기도 하기 때문이다. 이렇게 말한 이유는 이 글의 끝에 가서 저절로 드러나게 될 것이다.

우선, 그 가설들의 취지를 간략히 살펴보자. 네 논사는 지금 무엇인가를 알아차리는 마음에서 서로 다른 모습을 본다. 가령 지금 이 순간 한 송이 꽃을 본다고 치자. 안혜는 주장하길, 그 꽃의 형상을 알아차리는 마음은 하나의 간결한 단일체라고 말한다. 난타는 주장하길, 그 마음은 인식대상[相分]과 인식작용[見分]이라는 이분적 구조를 띤다고 말한다. 진나는 주장하길, 그 마음은 상이하면서 분리될 수 없는 삼분(三分)의 삼위일체로 드러난다고 말한다. 즉 인식대상(상분)을 알아차리는 인식작용(견분)을 '스스로 자각하는 작용[自證分]'이 일어나야 하나의 '앎'이 완성된다는 것이다. 또 호법은 주장하길, 그 마음은 상이하면서 분리될 수 없는 사분(四分)으로 완성된다고 말한다. 즉 앞의 세 번째 작용(자증분) 이외에, 그것을 다시 한번 자각하는 네 번째 작용[證自證分]을 추가한다. 그렇게 주장하는 이유가 다소 난해하므로 여기선 생략하겠다.

이 가운데 진나의 삼분설과 호법의 사분설이 주로 회자된다. 혹자는 사분설이 마치 후대 유식학의 비장의 학설처럼 말하지만, 철학적으로 따지자면 한 찰나 현재의 마음이 세 부분으로 되어 있다는 것조차도 이해하기 어려운 것이다. 만약 그 삼분설이 진짜로 이해된다면, 한 찰나의 마음이 네 부분으로 되어 있다거나 심지어 무한한 부분들로 펼쳐진다고 해도 너그럽게 받아들일 것이다. 그런데『성유식론』의 서두에서는 삼분설에 의거해서 '유식'이라는 전체 종지를 표명하였으니,

우리가 좀 더 자세히 알아야 할 것은 그것이다.

진나의 삼분설에 따르면, 무엇인가를 알아차리는 마음은 언제나 인식대상(상분)과 인식작용(견분) 그리고 그 둘의 접촉을 내적으로 자각하는 작용(자증분)으로 이루어져 있다. 가령 마음에 한 송이 꽃의 형상이 나타났다고 치자. 이때 마음이 인식대상과 인식작용을 포함하고 있음은 쉽게 이해된다. 그런데 어째서 하나의 앎은 저 이상한 삼위일체로 완성된다고 말하는 것일까.

여기서 맑은 거울이나 고요한 물의 표면에도 그 꽃의 형상이 비쳤다고 상상하면서, 그것을 나의 마음에 그 꽃의 형상이 나타난 경우와 비교해보자. 어떤 맑고 투명한 것의 표면에 꽃의 형상이 나타나 있다는 점에서는 서로 유사하다. 그럼에도 우리는 맑은 거울이나 고요한 물이 '꽃을 알아차린다'고는 하지 않으면서 마음은 '꽃을 알아차린다'고 한다. 왜냐하면 마음은 무엇을 안다는 것을 스스로 자각하기 때문이다. 저 삼분설에 따르면, 대상(상분)을 인식하는 작용(견분)을 스스로 자각함(자증분)으로써 하나의 '앎'이 완성된다. 한마디로 무엇을 알아차리는 줄 스스로 알 때 '안다'고 하는 것이다. 그래서 저 삼분설 안에서 '앎'의 최종 지위를 갖는 것은 자증분이고, 그것이 바로 마음 자체[識體]에 해당한다.

나는 마치 어떤 말의 의미를 이해하는 것과 같은 방식으로 저 삼분설의 취지를 받아들일 수는 있다. 그러나 마음의 작용을 더 잘 알게 되었다기보다는 왠지 더 깊은 미궁 속으로 빠져드는 기분이 든다. 그것은 내가 마음을 시간과 묶어서 생각하기 때문일 것이다. 마음이란 알아차리면서 흘러가는 것이다. 그것은 시간과 동의어이다. 가령 꿈꾸는 마음은 눈·귀 등과 같은 물리적 감각기관 혹은 색깔과 소리 등과 같은 물질세계에 의지하지 않고도 꿈속의 경계들을 자유로이 지어내어 보거나 듣는다. 심지어 쾌락과 공포를 느끼기도 한다. 이런 꿈의 사례는 마음의 알아차림이 반드시 물리적 공간을 필요로 하지 않는다는 것을 보여준다. 그러나 마음에서 시간을 빼버린다면, 꿈을 꾸거나 알아차리는 것 자체가 성립하지 않는다. 왜냐하면 마음이 염염히 흘러가는 것이 바로 시간이기 때문이다.

마음과 시간은 알려 하면 오히려 모르게 되는 그런 것이다. 그것은 흘러가고 있고, 알고 싶어 하는 찰나에 이미 사라져버린다. 그럼에도 우리는 한 찰나 마음에서 영원을 찾으려 한다. 내가 보기에, 저 삼분설은 그에 대해 마치 다음과 같이 말하는 듯하다. '지금 하나의 마음 자체(자증분)가 둘(견분과 상분)로 갈라지는 것이 바로 한 찰나이다. 그런데 보이지도 만져지지도 않는 마음은 실로 두 개로 쪼개질 리가 없다. 쪼개지지 않는 저 영적인 근원은 본래 고요하니, 흘러가는 것이 아니

라 영원한 것이다.'

그렇다면 지금 이 순간 무엇인가를 알아차리고 있는 마음의 신비한 삼위일체는 저 영원한 것이 한 찰나 잠깐 모습을 드러낸 것은 아닐까. 또 그 한 찰나 마음(아뢰야식)의 모습에는 무시이래 과거의 기억과 끝 모를 미래의 조짐이 담겨 있지 않은가. 불교도들은 한결같이 그 모습들이 모두 환과 같고 꿈과 같다고 말한다.

함허(涵虛, 1376~1433) 스님이 이런 글귀를 남겼다. "천겁이 지났어도 옛날이 아니요, 만세가 이어져도 늘 지금이다[歷千劫而不古, 亘萬歲而長今]." 아마 스님도 꿈속의 시간에서 헤매는 동안 항상 영원에 머물고 있다고 여겼으리라.

마음의 조력자들

이번 글은 마음의 영적인 인식작용을 조력하는 것들에 관한 이야기다. 그러니 이전 글의 후속편이라 하겠다. 앞서 말했듯, 마음의 신비한 본성은 무엇을 '알아차린다'는 데 있다. 『성유식론』에서는 '알아차린다'와 '변현해낸다(현현해낸다)'는 말을 거의 동의어처럼 쓴다. 무엇을 알아차린다는 것은, 마음이 스스로 대상의 영상을 변현해내어 그 영상을 알아차리는 것이기 때문이다. 이것이 이른바 '유식'의 이치다. 그 이치를 이해하면 모든 것이 결국 마음이 지어낸 환영임을 인정할 수 있다.

그런데 우리는 자기의 일상적 마음이 그보다 훨씬 복잡다단하고 또 역동적임을 잘 알고 있다. 그런 마음은 단지 '알아차린다'고 하는 영적인 작용만으로는 충분히 설명되지 않는다. 그래서 마음 자체와는 구별되면서도 그에 수반해서 일어나는 심리 현상으로 우리 마음의 복잡성을 설명하려 한다.

여기서 잠시 우리의 일상적 마음을 되돌아보자. 가령 시장을 돌아보다가 잘 익은 빨간 사과를 발견했을 때의 마음, 길가에서 웅성대는 사람들 너머로 큰 굉음을 듣고 있을 때의 마음 등등. 이러한 마음 안에서는 생생한 색깔·모양, 소리, 냄새 등과 같은 감각적 표상들이 쾌·불쾌의 느낌이나 불확실한 의지 등과 뒤엉켜 이 상태에서 저 상태로 흘러간다. 물론 우리는 그대로 지나쳐 갈 수도 있지만, 어느 순간 의지가 발동하여 몸의 발성 기관이나 근육을 조작해서 말소리를 내거나 몸짓을 나타낼 수도 있다. 이를테면 상점 주인에게 사과값을 묻거나, 반사적으로 몸을 돌려 큰 굉음으로부터 멀리 도망치는 일들이 그렇다.

이처럼 우리의 일상적 마음은 언제나 온갖 감정과 느낌과 판단 등과 함께 흘러가면서 당장이라도 무슨 짓을 하려고 하거나 혹은 지금 막 뭔가를 하고 있는 그런 상태에 있다. 우리는 자기 마음이 매우 복잡하고 또 역동적인 상태에 놓여 있음을 잘 알고 있지만 그것을 말로 잘 설명하지 못할 뿐이다.

미륵의 후예라면, 그것을 필시 '심왕(心王)과 심소(心所)의 관계'로 설명할 것이다. 약간 봉건적 뉘앙스를 풍기는 두 단어는 마음의 주인과 그의 권속을 가리킨다. '심왕'이란 색깔·모양, 소리, 냄새 등의 경계를 알아차리는(혹은 변현해내는) 마음 자체를 가리킨다. 가장 대표적인 것이 다섯 가지 감각과 의식이다. 미륵의 후예들이 다시 말나식과 아뢰야식을 추가하였으니, 모두 여덟 종류의 심왕이 있다. '심소'란 그 마음에 수반해서 일어나는 다양한 심리 현상들이다. 그것은 마음에 소유되어 있는 것이라는 의미에서 '심소유법(心所有法)'이라 하고, 간단히 '심소'라고 칭한다.

『성유식론』에서는 심소를 총 51개로 확정하였다. 마음의 밑바닥까지 내려가 그것의 미세한 흔적까지 뒤지는 사람들은 그보다 더 자세히 분류하기도 한다. 어쨌든 51개 중엔 이지적인 정신 작용도 있고, 정(情)적인 느낌도 있고, 그 자체로 선하거나 불선한 심리들도 있다. 하지만 51개가 모두 한꺼번에 일어날 수는 없다. 가령 부끄러움[慚]과 뻔뻔함[無慚] 같은 상반된 심리는 동시에 일어날 수 없다. 그런데 최소한 다섯 가지는 반드시 일어난다. 그것들은 여덟 종류의 심왕에 공통적으로 수반되는 심소이기 때문이다. ①촉(觸), ②작의(作意), ③수(受), ④상(想), ⑤사(思)가 바로 그 다섯 가지로, 우리 마음의 복잡성을 이해하는 실마리가 될 수 있다.

①가령 시장을 돌아보다가 빨간 사과가 시야에 들어왔다고 치자. 맨 먼저 '촉' 심소가 일어난다. 촉의 작용은 이해하기

어렵지만, 일단 이렇게 말해볼 수 있다. 하나의 식(識)이 감각기관[根]에 의지해서 대상[境]과 마주할 때 그 셋은 이전과 달라진다. 대상에 대한 인식을 일으킬 수 있는 화합의 상태로 돌입했기 때문이다. 이때 대상과의 접촉을 감지하는 정신 작용이 일어난다. '촉'의 스위치가 켜진 것이다. 그와 동시에 마음이 나머지 네 개의 심소들과 함께 일어나 각기 다른 방식으로 그 동일한 대상을 수용한다.

②'작의'란 어떤 대상에 초점을 맞추는 정신 작용이다. 가령 빨간 사과가 눈에 들어오기 전에, 그의 안식(眼識, 시각적 인식)에는 다채로운 색깔과 모양의 표상들이 찰나마다 일어났다 사라진다. 이처럼 무차별적으로 주어지는 순수한 감각적 표상들은 그 자체로는 의미 없이 흘러가지만, '작의'라는 심소가 일어나면 비로소 빨갛고 둥그런 어떤 물체로 초점이 맞춰진다.

③'수'라는 심소는 마음에 주어진 어떤 물체를 정적인 느낌으로 채색한다. 즉 빨갛고 둥그런 물체가 마음에 드는지 거스르는지를 느끼면서 쾌·불쾌의 느낌을 일으킨다.

④'상'이라는 심소가 그 빨갛고 둥그런 물체에 대해 개념적 상기를 일으킨다. 만약 의식이 함께 일어났다면 명료한 언어적 판단으로 이어진다. 즉 '이것은 빨간 사과다'라는 판단 말이다. 이러한 심소들의 연합 작용으로 인해서, 최초로 주어

진 빨갛고 동그란 물체는 '좋은 느낌을 가진 빨간 사과'로 채색된다.

⑤이것으로 채색 작업이 끝난 것은 아니다. 여건이 된다면, '좋은 느낌을 가진 빨간 사과'를 사서 먹어볼 것이다. 이는 마음을 조작하여 당장 행동으로 연결하려는 의지, 즉 '사' 심소가 따라다니기 때문이다.

『성유식론』에서는 심왕과 심소의 합작으로 완성되는 환상의 세계를 그림 그리기에 비유하였다. 제5권에서 이렇게 말한다. "마치 선생 화가가 그림의 윤곽을 그리면 제자가 색채를 채우는 것과 같다."

먼저, 심층의 아뢰야식은 자기만의 몸과 세계(자연계)를 변현해낸다. 몸과 세계로 구분한 것은, 그 식이 몸을 기점으로 안팎을 감지하기 때문이다. 혹은 그것을 '안팎의 오진(內外五塵, 몸과 자연계를 이루는 색·성·향·미·촉)' 혹은 '십유색처(十有色處, 안·이·비·설·신과 색·성·향·미·촉, 안팎의 오진과 동일)'라고 표기하기도 한다. 말하자면 몸과 세계란 다채롭고 풍요로운 색·소리·향기·맛·촉감 등으로 채워진 안팎의 물리적 세계를 가리키는 것이다.

이 아뢰야식의 그림은 극히 광대하거나 극히 미세하기는 해도 뚜렷한 선이 그어져 있지는 않다. 그래서 우리의 감각과 의식이 불확실하게 판독해나가는 원형의 밑그림으로 존재한다. 물론 이 심층의 마음이 내적인 몸과 외적인 세계의 미세한 영상을 변현해낼 때는 가령 눈과 귀와 코 등과 같은 열 종류의 물질세계의 윤곽을 그릴 것이다. 그러나 그 아뢰야식이 과연 '두 눈 아래 코와 입이 달린 얼굴'까지 그리는지는 알 수 없다. 그래서 설사 '촉, 작의, 수, 상, 사' 같은 다섯 가지 심소가 일어나서 그 그림의 윤곽을 채색한다 해도, 그 그림은 여전히 명료하지 않을 것이다.

만약 다섯 가지 감각들이 일어났다면, 각기 다른 물리적 경계의 윤곽이 뚜렷해질 것이다. 안식(眼識)은 색깔·모양의 경계를 그릴 것이고, 이식(耳識)은 소리의 경계를 그릴 것이다. 만약 의식도 함께 일어났다면, 사물들의 개념적 윤곽이 뚜렷해질 것이다. 가짜 이름들로 명확하게 분절된 언어적 환영의 세계가 완성되는 것이다. 이때 '촉' 등의 심소가 일어나서 그런 언어적 환영의 세계를 채색한다면, 그 그림은 '먹음직한 빨간 사과', '위험한 폭발음' 등으로 명료해질 것이다.

인간의 마음은 말로 쉽게 표현될 수 있는 뚜렷한 윤곽을 가진 사물을 선호하는 반면, 오직 동적인 표상만을 지닌 존재 앞에서는 당혹감을 느끼게 마련이다. 우리의 마음은 알아차리면서 흘러가는 것이다. 거기에는 다채로운 표상들을 띤 그림들이 끊임없이 나타났다 사라지고 변화하고 결합한다. 그 그림에 뚜렷한 선들이 그어지고 쾌·불쾌의 느낌과 개념적 판단과 선악의 의지 등으로 채색되면 마음은 일종의 연극이 된다. 그 연극 무대에서는 무수한 메타포(가설)가 횡행하고, 사람들은 소중한 무엇인가를 손에 넣기 위해 노력하고 투쟁한다.

그러나 메타포에 속아서는 안 된다. 저 환상의 세계를 관하는 사람이라면, 그러한 모든 것은 마음과 그 조력자들이 무한한 시공간 위에 휘둘러 그려놓은 허망한 그림임을 알아차릴 것이다.

나에 관한 단상 1
_말나

나는 그때그때 관심사에 따라 샛길로 빠지거나 단계를 건너뛰면서 저 심층의 마음(제8아뢰야식)에 관한 이야기를 이어왔다. 이전 글들을 쭉 훑어보니, 다행스럽게도 『성유식론』의 체제를 크게 벗어나지는 않은 듯하다. 아뢰야식의 인식대상과 인식작용, 그에 수반되는 심리 현상 등을 대략적으로 다루었기 때문이다. 그중에는 아뢰야식에만 고유한 것도 있고, 모든 종류의 식(識)에 공통되는 것도 있다.

아뢰야식에 잠재된 종자, 그리고 아뢰야식이 현현해내는 몸과 세계는 그 식에만 고유한 것이다. 반면, 지금 이 순간 무엇을 알아차리는 마음에서 불가사의하게 구현되는 삼분(견분·상분·자증분)의 삼위일체라든가, 또는 그 신통한 마음에 반드시 따라다니는 다섯 가지 심리 현상(촉·작의·수·상·사)은 모든 종류의 식에 공통된다.

나는 지금까지 아뢰야식에 관해서는 아주 조금밖에 진술하지 않았다. 그럴 수밖에 없는 것이 심층의 무의식을 통째로 들여다볼 수 있는 사람은 아무도 없기 때문이다. 그러니 우리도 어디쯤에서 잠정적 결론을 내린 후 다음 여정으로 넘어가는 것이 좋겠다. 앞서 살펴본 다음의 한 문구가 이전과 이후의 이야기를 이어주는 실마리가 될 수 있을 것 같다.

아뢰야식에는 우리의 감각과 의식이 불확실하게 판독해나가는 원형의 그림이 있다.

여기서 '원형의 그림'이란 누차 언급했듯이, 아뢰야식에 현현되는 몸과 세계(자연계)를 가리킨다. 다른 말로 표현하면, 내적인 몸과 외적인 세계를 구성하는 색·성·향·미·촉의 물질세계를 가리킨다. 그런데 어째서 그것을 '원형의 그림'이라 칭했을까. 그 그림은 그 자체로는 우리의 감각과 의식에 잡히지 않기 때문이다.

미륵의 후예들에 따르면, 다섯 종류의 감각들조차도 저 아뢰야식이 현현해낸 물질세계를 직접 인식하지는 못하고, 단지 감각 가능한 자기만의 물리적 경계를 그려내어 인식한다고 한다. 만약 누군가 '아뢰야식에 현현된 몸과 세계'라는 말을 접하고 나서 낯익은 신체의 형상을 떠올렸거나, 혹은 초목과 새소리가 어우러진 공원의 풍경이나 건물이 즐비하게 늘어선 도심의 풍경 등을 떠올렸다면, 그것은 아뢰야식의 그림이 아니라 그의 감각과 의식이 거칠게 판독해낸 그림일 것이다. 그러니까 원형의 그림이란 감각 가능한 형상으로 변형되기 이전의 감각적 원형 같은 것이라 상상해볼 수 있다.

이제부터는 저 문구에서 이야기한 '아뢰야식의 원형의 그림'을 불확실하게 판독해가는 그 밖의 식(識)들에 대해 사색해볼 것이다. 아뢰야식의 그림을 판독하는 '식'으로는 주로 다섯 종류의 감각과 의식(제6식)이 거론되지만, 그 외에 하나가 더 있다. 미륵의 후예들이 새로 발견한 미세한 마음으로, '말나(末那, 말나식, manas)' 혹은 '의(意)'라고 칭한다. 현장 문하의 학자들은 그것을 제7식으로 공식화하였다. 말나란 '나'라는 뿌리 깊은 관념을 만들어내는 식이다.

이 말나 또한 아뢰야식에 의지해서 뭔가를 헤아리기는 하지만, 여섯 종류의 식들과 비교하면 근본적인 차이가 있다. 말나는 아뢰야식이 그린 원형의 그림을 판독하는 것이 아니라, 그 그림을 그리고 있는 영적인 작용을 보면서 항상 '나'라는 환상을 일으킨다. 『성유식론』의 표현을 따르자면, '아뢰야식의 인식대상인 상분(相分)이 아니라 인식작용인 견분(見分)을 헤아린다.' 어찌 보면 말나는 아뢰야식의 가장 가까이서 판독하는 식이다. 그러나 그것의 판독은 항상 오판으로 끝나게 되어 있다. 애초부터 무아(無我)의 가르침에 의해 부정되고 있는 것, 즉 '나'를 헤아리기 때문이다.『성유식론』에서는 아뢰야식에 이어서 말나식을 다룬다. 그래서 나도 저 아뢰야식의 원형의 그림을 판독해나가는 여섯 종류의 식을 논하기에 앞서, 이 말나로부터 시작해보려 한다.

　　『성유식론』제4권에서는 말나를 이렇게 정의하고 있다. 말나의 특징은 무엇인가를 "항상(恒) 곰곰이(審) 헤아린다(思量)"는 것이다. 그런데 중간에 끊김이 없이 '항상' 헤아리고, 대충 분별하지 않고 '곰곰이' 헤아릴 수 있는 대상은 단 하나밖에 없다. 아뢰야식 말이다. 오직 아뢰야식만이 중간에 끊김이 없이 항상 이어지며 몸과 세계를 변현해낸다. 그러니까 말나는 감각이나 의식이 잠시 끊겼을 때도 뭔가가 계속해서 살아남아 작동하고 있음을 느끼고, 그것이 바로 내적인 '나'라고 헤아린다. 정확히 말하면, 아뢰야식의 알아차리는(혹은 변현해내는) 작용을 '나'라고 헤아리는 것이다.

　　이러한 말나의 특성상 다음의 네 가지 번뇌가 항상 따라다닌다. 바로 아치(我癡)와 아견(我見), 아만(我慢)과 아애(我愛)다. 차례대로, 무아(無我)인 줄 모르는 어리석음, '나'라는 것이 있다고 보는 집착, '나'에 대한 근거 없는 자만, '나'에 대한 뿌리 깊은 탐애를 뜻한다. 이러한 네 가지 번뇌에 휩싸여 있는 말나 또한 아뢰야식만큼이나 희미하기[無記] 때문에 악하다고 할 정도는 아니다. 다만, 마치 철이 자석에 달라붙듯 아뢰야식이 생하는 곳을 따라다니며 그 말나도 함께 묶인다. 그래서 무엇을 보고 듣고 생각할 때면 그것은 항상 나의 그림자를 본다. '산이 보인다'라고 하지 않고 '내가 산을 본다'라고 하거나, 혹은 내가 뭔가 터득한 것이 있다고 여기면서 내심 우쭐해지는 것이다.

『성유식론』의 논사들은 별도의 말나식을 정립해야 하는 논리적 근거를 몇 가지 제시하였지만, 내가 보기엔 좀 더 은밀한 속사정이 있는 듯하다. 아뢰야식의 교설을 주창했던 미륵의 후예들은 항상 어떤 우려를 갖고 있는데, 그것이 『해심밀경』의 한 게송에 나타나 있다.

나는 범부나 어리석은 이에게는 (아뢰야식을) 설해주지 않으니, 그들이 분별하면서 '나'라고 집착할까 염려해서다.

이처럼 미륵의 후예라면, 당연히 어째서 아뢰야식에 대해 '나'라는 관념을 일으키는지를 설명하려 할 것이고, 세상의 모든 것이 그러하듯 '나'라는 것도 하나의 가짜 환영임을 일깨

207

위주려 할 것이다.

나의 속박에서 벗어나려고 불교에 입문한 사람이라면, "드디어 나의 그림자가 보이지 않게 되었다"고 자신 있게 말할 날이 오기를 바랄 것이다. 그러나 나는 여전히 나의 그림자를 생각하도록 운명 지워진 저 말나가 애상적으로 느껴진다. 나 역시 그동안 몇 편의 글을 쓰면서 언제나 나의 그림자를 발견하곤 하였다. 어떤 것은 내 마음에도 들었고, 그것이 나의 존재를 고양해준 듯하여 살짝 우쭐해지기도 하였다. 높은 도력을 지닌 보살도 미세한 번뇌를 남겨 그 힘으로 열반에 이른다고 한다. 그러니 나도 당분간 그러한 '나'로 하여금 그냥 살아가도록 내버려두어도 좋지 않을까.

물론 나의 글과 사색은 진정 나의 것이 아니라 유식학 전통의 산물이고, 그 또한 단지 언어의 산물임을 안다. 그렇기에 언젠가 나의 자만심도 사라지게 될 것이다. 그럼에도 여전히 내가 나의 그림자를 보게 된다면, 허무해하는 나보다는 약간 우쭐해진 내가 그 뿌리 깊은 아집의 밑바닥까지 파고들 것이다.

나에 관한 단상 2
_나는 있는가, 없는가

미륵의 후예들에 따르면, 아공(我空)을 깨닫기 전까지는 우리의 아집(我執)은 계속 이어진다. 나에 대한 집착은 의식에서도 일어나지만 그것은 비교적 쉽게 끊을 수 있다. 그러나 말나는 살아 있는 동안 끊임없이 아뢰야식을 따라다니며 '나'를 헤아린다. 마치 범부의 피할 수 없는 운명처럼 말이다. 이런 해석은 언제나 나의 그림자를 보는 내 자신을 합리화하는 데 도움을 주기도 한다.

나는 글을 쓰거나 문헌을 뒤적일 때뿐만 아니라 내 삶의 하찮아 보이는 훨씬 더 많은 순간들에서 나의 그림자를 보았다. 그래서 '나'라는 것은 오랫동안 내 마음 깊은 곳에 새겨진 소중한 체험이고 억지로 지워버릴 수 없는 어떤 것이라는 생각이 든다. 가령 부처님도 세상 사람과 어울려 살아가면서 "나는 …라고 말하였다"라는 친근한 어법을 자주 구사하였다. 또 제자 아난은 불멸 후 자기가 암송한 모든 경전 서두에 "이와 같이 나는 들었다[如是我聞]"라고 적었다. 부처님도 아난도 '나'를 느끼고 있는 것이다.

그런데 문득 이런 의문이 든다. 무릇 보살이라면 무엇보다 사람들에게 이익과 즐거움을 주기 위해 묻고, 그것으로 의미 있는 대답을 끌어내려 하는 게 마땅할 것이다. 실제로 내가 지금까지 보았던 많은 불교 논사들의 상세한 해석도 모두 그런 이타행의 산물이었다. 그렇다면 내가 만약 단도직입으로 "그래서 나는 있는 겁니까, 없는 겁니까"라고 묻는다면, 옛 선현들은 어떤 대답을 들려줄까. 나 말고도 이런 궁금증을 가진 사람들이 꽤 있을 것 같아 그들을 대신하여 내가 스스로 묻고 그 답을 찾아보았다. 비록 옛 선현들로부터 속 시원한 대답을 듣진 못했지만, 몇 가지 소중한 조언을 구할 수 있었다. 이제부터 그 이야기를 해보려 한다.

『유가사지론』을 살펴보니, 불교 내에는 오래전부터 그런 질문에 대처하는 전통적 방법이 전해진다. 마치 바람이 그물에 걸려들지 않듯, 질문에 즉답하지 않는 '뱀장어 논법'을 시전하는 것이다. 부처님은 그야말로 불교 내에서 온갖 질문을 가장 많이 받은 분이다. 제자들이 잘 이해하지 못하거나 의혹하는 바가 있어서 묻기도 하겠지만, 간혹 외도들이 상대를 떠보거나 한번 부딪혀보려는 의도를 갖고 묻는 경우도 있다. 부처님이 판단하시기에, 그런 질문 중에는 아무런 이익도 없이 의미 없는 말만 끌어내는 것도 있고, 심오하게 응답하지 못하면 도리어 집착만 늘릴 것이 뻔한 것도 있다. 혹은 본래부터 그러하여 굳이 답을 덧붙일 수 없는 것도 있다.

부처님은 그런 질문에는 즉답하지 않고 그냥 내버려두는 방식[捨置記]으로 대처하였다. 이를 '불가기(不可記, 답할 수 없는 것)'라고 하는데, 일종의 철학적 판단중지(判斷中止, epoche)와 같은 것이다. 불교도들은 그것을 열네 가지로 확정하고, 이를 가리켜 14불가기 혹은 14무기(無記)라고도 한다. 문헌마다 표현은 조금씩 다르다. 『유가사지론』 제64권을 보니, 14불가기 중에 '나는 있는가, 없는가'라는 질문도 들어 있다. 그 책의 전언에 따르면, 부처님은 제자들에게 그런 질문에는 응답하지 말고 단지 이렇게만 말하라고 조언한다. "내가(부처님) '이것은 답할 수 없는 것이다(此不可記)'라고 말했다고 해야 하느니라."

다음으로 나의 관심은 자연스레 아난에게로 옮겨갔다. 부처님 제자 중에 아난이야말로 그 질문을 가장 많이 받았을 것 같은 사람이기 때문이다. 부처님 입적 후, 아난은 스승의 유언대로 모든 경전 앞에 "이와 같이 나는 들었다"라고 적었다. 하지만 부처님의 '무아(無我)의 교설'만 진지하게 믿는 다른 누군가는 매번 "나는 들었다"고 말하는 아난에게 다음과 같은 의문을 품었을 수도 있다. 아난은 혹시 '나는 있다'고 생각하는 것이 아닐까. 그리고 진짜 궁금했거나 혹은 한번 떠보려고 아난에게 그 질문을 던졌을 것이다. 그때마다 아난은 스승의 조언대로 저 뱀장어 논법을 시전하여 위험한 그물에 걸려들지 않고 잘 빠져나갔을 것이다. "부처님께서 이것은 답할 수 없는 것이라고 말씀하셨다."

미륵의 후예들도 그 질문에 대해서는 부처님의 조언을 따른다. 다만 그들의 특기라면 자세한 해석이다. 부처님은 어째서 '나는 있는가' 혹은 '나는 없는가'라는 질문에 답하지 말라고 했을까. 여기에 심오한 뜻이 있다. 극단적인 상견(常見)과 단견(斷見)은 대개 '자아[我]'를 대상으로 해서 일어나기 때문에 그 질문에 섣불리 답하면 안 된다. 그 대답이 도리어 또다른 그릇된 집착을 일으키기 때문이다. 만약 '나는 있다'고 답하면, 사람들은 오온(五蘊, '나'를 이루는 색·수·상·행·식)을 나라고 집착하거나, 혹은 그 오온과는 분리된 초월적 자아가 있다고 집착할 것이다. 만약 '나는 없다'고 답하게 되면, 세간의 언설에서 '사람[士夫, puruṣa]'이라는 말조차도 아예 지워버려야 한다는 극단적 견해에 사로잡히게 될지도 모른다. 그래서 차라리 응답하지 말고 내버려두는 것이 최선인 것이다.

그런데 불멸 후로부터 한참 떨어진 후대에 살았던 대승 보살들이 "이것은 답할 수 없는 것"이라는 말만 되풀이했을 리 없다. 그것은 단순히 침묵하라는 말이 아니기 때문이다. 더욱이 심오한 응답이 요구되는 질문에는 심오한 뱀장어 논법을 구사하는 사람도 있기 마련이다. 가령 야보(冶父) 선사가 『금강경』을 주석하면서 "이와 같이 나는 들었다"라는 경문 밑에 이런 게송을 달았다.

나라는 나여, 인정하면 분명히 두 개를 이루느니라. 가는 터럭만큼도 움직이지 않아야 본연(本然)에 합하나니, 지음(知音, 잘 들을 줄 아는 자)이 스스로 있어 솔바람이 화답하도다.
_『금강경삼가해(金剛經三家解)』

야보의 게송 밑에 함허 스님의 풀이가 달려 있다. 나는 그 취지를 대충 다음과 같이 이해하였다.

찾으려는 나와 찾아지는 나는 실은 동일하다. 그런데 '나는 있다'고 말하거나 '나는 없다'고 말하는 것은, 허공을 둘로 가르는 것과 같고, 괜히 맨살을 긁어 부스럼을 만드는 꼴이다. 사람들은 자기 집 땅을 거의 보지 않았다고 할 정도로 얼핏 보면서도 그 땅을 자유자재로 밟고 다니지 않는가. 땅을 본다는 생각도 없이 땅 위를 걸을 수 있는 자라면, '나'를 거의 보지 않은 듯 얼핏 보면서 '남'들과 어울려 살아갈 것이다. 그것은 그가 '나'라는 말소리를 제대로 알아들었기 때문은 아닐까.

지금까지 나는 옛 선현들로부터 자애로운 조언과 친절한 설명을 들었고, 또한 해부하지도 않고 암을 도려내는 듯한 시술도 받아보았다. 나의 근기가 둔하여 여전히 어둠 속에 머물고 있지만, 적어도 '나는 있는가, 없는가' 하는 쓸데없는 질문으로 나 자신을 괴롭히지는 않을 것이다. 그러나 '나'를 느끼는 사람이라면, 나의 삶을 살아가는 동안 좀 더 '의연한 나'를 바랄 것이다.

미륵의 후예들에 따르면, '나'만 헤아리던 저 말나식도 어떤 경지로 올라서면 자타를 평등하게 보는 지혜와 상응하게 된다고 한다. 만약 내가 진정 알아야 할 것이 있다면, 그것은 바로 '나로 하여금 거기에 이르지 못하게 하는 장애가 무엇인가' 하는 것이리라.

나에 관한 단상 3
_아집

지난번 글을 보니, 옛 선현들이 '나는 있는가, 없는가' 하는 문제에 즉답하지 않았던 본의(本意)를 드러내기에는 미진한 점이 있는 것 같다. 그것을 조금 보충하다 보면, 자연스레 이번에 다루려고 하는 아집(我執) 이야기로 넘어갈 것 같다.

우선, 앞에서 잠시 언급한 14불가기(질문에 답할 수 없는 열네 가지)를 살펴보면, 그 안에 세계와 나의 영원불멸 등에 대한 형이상학적인 질문들이 포함되었음을 알 수 있다. 부처님은 이런 질문에는 '답할 수 없는 것[不可記]'이라는 입장을 밝혔고, 제자들에게는 '이런 일은 답할 수 없는 것이라고 말하라'고 하는 가르침을 내려주었다. 단순하면서도 고전적인 맛이 느껴지는 이 문구는 무엇보다 제자들이 무익한 희론에서 빠져나가는 데 도움을 주었을 것이다. 그래서 그것을 '뱀장어 논법'이라 표현하였다. 하지만 한편으로 부처님이 철학과 종교의 근원적 물음에 대해 그저 임기응변이나 심지어 포기와 회피를 가르쳤다는 곡해를 불러일으킬까 우려되는 것도 사실이다. 그런 우려를 불식시킬 겸, 제자가 아닌 부처님의 입장에서 그 취지를 다시 음미해보려 한다.

무릇 어떤 교설의 의미를 관하는 사람이라면 가장 먼저 그 교설을 설한 자의 본의에 대해 사색하게 마련이다. 그에 따라 말씀의 취지도 달라지기 때문이다. 가령 누군가 내게 "거울 좀 봐"라고 말했다면, 내 입가에 붙은 밥풀을 떼라는 조언일 수도 있고, 거울에 뚜렷한 금이 갔다는 사실을 알려준 것일 수도 있다. 내지는 비유적 표현으로 내적인 성찰을 권한 것일 수도 있다. 마찬가지로 '이것은 답할 수 없는 것'이라는 말씀의 본의가 무엇인지는 해석하기 나름이다.

우선 부처님의 담담한 고백을 들어보자. 미륵의 후예들은 『승섭파엽유경(升攝波葉喩經)』이라는 낯선 이름의 경전에서 종종 이런 일화를 인용한다.

부처님이 승섭파(나무 이름) 숲에 머물 때, 손으로 그 나뭇잎을 한 줌 따서 그것을 비유로 삼아 아난에게 말한다.

"내가 설했던 법이 이만큼이라면, 내가 깨달았던 법은 마치 모든 초목의 잎과 같다."

이 비유에 따르면, 일체지(一切智)를 가진 부처님은 실은 알고 있음에도 말하지 않은 것이 셀 수 없을 정도로 더 많다. 다시 덧붙여 말하길, "이런 일들에 대해 말하는 것은 대개 무의미하고 무익하기 때문에 기별하지 않은 것이다"라고도 하였다(『유가사지론』 제64권, 제95권).

그러니까 이렇게 말하든 저렇게 말하든 맞기도 하고 틀리기도 하여 계속 하나 마나 한 희론들을 양산하는 사안에 대해, 부처님은 '이것은 답할 수 없는 것'이라는 입장을 밝힌 것이다. 사실 부처님의 이러한 판단중지(epoche)에는 깊은 내적인 통찰이 수반된다. 이를 한 불교 철학자가 이렇게 평하였다.

모든 설문보다 앞서 이미 독단과 집착이 있다고 하는 것이야말로 실달타 태자의 위대한 방법론적 발견이었다.
_원의범, 『인도철학사상』

불교도라면 저 부처님의 판단중지에서 복잡다단한 질문들이 저절로 해체되는 마법과도 같은 길을 보게 된다. 가령 어떤 사람이 '나는 있는가, 없는가'라고 물을 때, 그 물음에는 이미 그가 생각하는 '나'의 관념이 전제되어 있다. 그렇지 않다면, 그는 자기가 무엇을 묻고 있는지조차 이해하지 못할 것이다. 만약 묻는 자가 이미 '나'에 대한 독단적 견해와 집착에 사로잡혀 있다면, '나는 있는가, 없는가'라는 그의 물음 자체가 애초부터 이치에 맞지 않기에 성립할 수도 없다. 그리하여 그에 답하는 것은 진정 무의미하다.

이와 관련해서 미륵의 후예들은 칭찬받아 마땅하다. 부처님의 본의를 잘 해석해서 정교한 학설로 확립해놓았기 때문이다. 그것이 바로 가설(假說, 은유적 표현)에 관한 이론이다. 그 이론에 따르면, 모든 이름이 그런 것처럼 '나'라는 이름도 본래 가짜 이름이고 그 자체로 빈 이름이다. 그런데 하나의 이름은 마치 정표(情表)와 같다. 가령 하찮은 돌조각도 오랫동안 사랑의 정표로 간직하다 보면 연인과 동일시되는 것처럼, '나'라는 이름도 그러하다. 그 이름을 오랫동안 쓰면서 그것에 온갖 관념과 감정들이 축적되면, 결국 그것이 마치 실재하는 어떤 것처럼 생각되고 집착되는 것이다. 그렇다면 '나는 있는가, 없는가'를 따지기에 앞서, 우리가 '나'라는 말을 가지고 대체 무엇을 생각하면서 집착하고 있는지를 살펴봐야 하지 않을까. 말하자면 아집에 관심을 돌리는 것이 더 유익할 것이다.

『성유식론』에 따르면, 두 종류의 아집이 '나'라는 집착을 일으킨다. 첫 번째는 구생아집(俱生我執)이다. 이것은 몸을 갖고 살아가는 한 자연발생적으로 일어나는 아집을 말한다. 우리의 마음은 자기 몸을 기점으로 안팎의 차이를 느끼고, 몸 바깥이 아니라 몸 안쪽에서 '나'를 찾기 마련이다. 가령 말나식은 몸에 깃든 심층의 아뢰야식을 대상으로 삼아 '자기의 내적인 나[自內我]'라고 집착하고, 한편 의식은 자기 몸과 심리 현상을 이루는 오온(색·수·상·행·식)을 대상으로 삼아 '실재하는 나[實我]'라고 집착한다. 이런 구생아집은 일시적 무심(無心)의 상태에 놓일 때를 제외하곤 끊임없이 이어지지만, 아공·법공을 깨닫는 수도(修道)의 지위에서는 모두 끊어진다.

두 번째는 분별아집(分別我執)이다. 이것은 당대의 사회문화적 환경이나 타 종교의 그릇된 교리 등과 같은 외적 여건으로 인해 후천적으로 생겨난 아집을 말한다. 가령 '영원불변의 자아' 등을 설파하는 그릇된 교리를 전수받거나, 또는 자기의 심신을 이루는 오온의 일부나 전체를 '나'라고 가르치는 그릇된 교리를 습득하고 나서, 그에 의지해서 '나'의 표상을 지어내어 집착하는 것을 말한다. 이런 분별아집은 오직 의식의 그릇된 분별로 인해 생겨나기 때문에 바른 이치를 깨닫는 견도(見道)의 지위에 드는 순간 곧장 끊어진다.

지금까지 '나라는 관념 없는 나'를 찾기 위해 저 아집의 정체를 살펴보았다. 불교도라면 타 종교의 그릇된 교리에 세뇌되어 극히 해로운 아상에 사로잡히는 일 따위는 없을 것이니, 분별아집은 크게 걱정하지 않아도 될 듯하다. 그러나 나의 몸이 살아 있는 한 그 몸 안쪽의 무엇인가를 '나'라고 헤아리는 구생아집은 쉽게 사라지지 않을 것이다.

올챙이 모습을 벗을 때 개구리가 된다는 것은 누구나 알고 있다. 『금강경』에서도 누차 설하길, 나의 모습이 나의 모습 아님을 본다면 곧 여래를 볼 것이라 하지 않았는가. 부처님께서 '이것은 답할 수 없는 것'이라는 판단중지에 머무신 뜻도 아마 그와 같은 것이리라.

감각에 대하여

지금까지 우리는 환상의 세계를 지어내는 마음에 대해 사색하는 중에 심층의 아뢰야식과 말나의 세계를 대략 살펴보았다. 이제부터는 표층에서 작동하는 다섯 종류의 감각[五識]과 의식(意識)의 영역으로 들어가보려 한다. 『성유식론』에서는 그 여섯을 하나로 묶어 '경계를 요별하는 식[了別境識]'이라고 칭하였다.

가령 말나가 아뢰야식의 영적인 인식작용에서 항상 '나'의 환영을 본다면, 저 여섯 종류의 식(識)은 아뢰야식이 변현해낸 몸과 세계에서 서로 다른 각자만의 경계를 볼 것이다. 만약 내가 잠들어 있다면, 감각의 문은 닫히고 오직 의식의 문에서 두서없는 꿈속의 세계가 나타날 것이다. 만약 내가 깨어 있다면, 의식이 홀로 일어나거나 혹은 감각들과 함께 일어나서 질서정연한 현실의 세계를 그릴 것이다. 내 몸의 최전선에서는 감각들이 가장 생생한 물질세계를 판독하고 있으니, 먼저 그에 대해 말해보려 한다.

우리는 보거나 듣거나 하는 감각 작용이 무엇인지 잘 알고 있다. 감각에는 언어적 판단이 깊이 끼어들지 않는다. 감각기관에 의지해서 물질세계를 직접 지각하기 때문이다. 그래서 물질세계는 말로 들려주는 대신 자기를 직접 보여준다고 상상해도 좋다.

내가 요즘 며칠 동안 받은 인상 중에서 가장 생생한 것은 베란다에 만개한 제라늄들이다. 얼마 전까지도 없었던 이 많은 잎사귀와 꽃들은 대체 어디서 온 것일까. 텅 빈 허공 속에서 튀어나와 점차 그 허공을 잠식해가고 있는 그것들은 혹시 '허공 꽃[空花]'과 같은 환영이 아닐까. 이런 의문이 들기도 하였지만, 나는 그것들이 실물임을 안다. 하루에도 몇 번씩 그것들을 보았고 다시 만져보기도 하였기 때문이다. 감각이야말로 어떤 것이 진짜 실물인지 가짜 환영인지 확인해볼 수 있는 직접적 통로가 아닌가. 우리의 감각기관에 이상이 없는 한, 감각된 것이 바로 실물인 것이다.

이상은 나의 특별한 생각이 아니라 미륵의 후예들의 기

본 관점이기도 하다. 그것은 다음과 같은 문구로 공식화되었다. "감각은 실물의 자상(自相, 사물 자체의 고유한 상)을 직접 지각한다." 그런데 지금까지 그래왔듯, 우리의 습관적 통념을 벗어나 일상적인 일의 경이로움에 대해 관해보자. 나는 언어적 관행에 따라 '실물의 자상'이라 표현하였지만, 유식의 관점에서 볼 때 실물과 자상은 단어의 차이만 있을 뿐 동일한 것이다. 불교 논리학[因明]에서는 실물(자상)을 이렇게 정의한다.

만약 어떤 것이 실물이라면, 그것에 가깝고 멀어짐에 따라 그것은 찰나마다 다르게 감각에 나타난다.

그러니까 실물이란 그처럼 순간적으로 나타났다 사라지면서 찰나마다 달리 현현하는 감각적 표상들로만 존재한다. 그것이 실물 자체의 고유한 상이다. 그것은 꿈속의 경계들보다 훨씬 생생하고 또 그 안에 풍요로운 성질을 품고 있다.

그렇다면 저 환상의 세계를 관하는 사람들은 어째서 그처럼 생생하고 풍요로운 감각적 세계 또한 환영이라고 말하는가. 그 이유는 이전의 글들에서 누차 언급한 바 있다. 여기서는 그중 그림 그리기의 비유만을 환기해보려 한다. 심층의 아뢰야식은 끊임없이 몸과 세계를 변현해낸다. 몸과 세계란, 구체적으로 말하면 내적인 몸과 외적인 세계를 구성하는 색깔·소리·향기·맛·촉감의 경계다. 한마디로 물질세계[色]다. 아뢰야식이 현현해낸 물질세계는 극히 미세하고 극히 광대하기 때문에 우리가 그것을 직접 아는 것은 허용되지 않는다. 우리는 단지 그것의 그림자를 볼 뿐이다. 감각과 의식의 판독을 통해서만 간접적으로 알려지기 때문이다. 이런 맥락에서 아뢰야식이 변현해낸 물질세계를 '원형의 그림'이라 하였고, 또 '감각 가능한 형상으로 변형되기 이전의 감각적 원형 같은 것'이라 하였다.

주지하다시피, 아뢰야식과 감각은 둘 다 똑같이 물질세계를 인식한다. 다시 말해서 둘 다 물질세계를 변현해내어 그것을 자기의 인식대상으로 삼는다. 만약 아뢰야식에 알려진 것과 감각에 알려진 것이 동일하다면, 두 종류의 식은 아무 차이가 없을 것이다. 그러나 아뢰야식의 물질세계와 감각된 물질세계는 다른 것이다. 가령 안식(眼識)이 빨갛고 둥근 사과를 보고 있을 때, 눈의 시력이나 위치 혹은 빛의 밝기 등에 따라 그때그때 다른 시각적 표상들이 나타나고, 그 표상들은 오직 조각난 단편들로만 주어지며, 중간중간 쉽게 끊기기도 한다. 이와 달리 아뢰야식은 극히 미세하고 광대한 자신만의 물질세계를 언제나 단박에[頓] 전체적으로 알아차리며, 또 중간에 끊어짐 없이 계속 이어진다. 요컨대 아뢰야식이 변현해낸 물질세계가 원형의 그림이라면, 감각된 물질세계는 그 그림의

조각난 그림자다. 그래서 감각된 것은 '불확실하게 판독된 것'
이라 하는 것이다.

『성유식론』에 따르면, 감각이 일어났을 때는 반드시 의식
이 있지만, 의식이 일어났을 때는 감각이 있을 수도 있고 없을
수도 있다. 말하자면 의식의 명료한 분별로 인해 저 원형의 그
림 위에는 사물의 윤곽이 더욱 뚜렷하게 그려진다. 그런 곳에
서는 익숙한 언어적 환영이 등장하게 된다. 빨간 사과, 동그란
동전, 새소리, 풀 향기 등등. 이런 환영들이 명료해질수록 그
만큼 원형에서 멀어진 것이다. 그런데 우리는 저 원형의 그림
이 어떻게 되어 있는지 알기도 상상하기도 어렵다. 아뢰야식
은 아마도 눈과 코, 색깔과 소리 등을 그리기는 하겠지만, 과
연 '두 눈 아래 코와 입이 달린 얼굴'을 그리는지는 알 수 없다.
다만, 미륵의 후예들도 저 감각적 표상은 원형과 닮은 것[似]
이라고 인정하였으니, 한 선사가 자신 있게 했던 말도 믿지 않
을 수 없으리라.

하늘을 이고 땅에 섰으며
눈은 가로로 코는 똑바로 되었도다.
_『금강경삼가해』 '야보송(冶父頌)'

마지막으로 오랫동안 기억될 만한 말로 감각에 대한 사

색을 마무리하고 싶다. 감각이란 언어를 매개로 하지 않고 감각기관을 통해 대상을 직접 인식하는 것이다. 이런 인식 방법을 무분별(無分別)의 현량(現量, 직접 지각)이라 한다. 이러한 감각은 이미 사라진 과거의 경계 혹은 아예 실체가 없는 토끼 뿔 같은 것은 인식하지 않는다. 감각되는 것은 오직 현전해 있는 실물이다. 이런 실물은 비록 찰나에 생멸하는 감각적 표상들로만 존재하지만, 실질적 체(體)가 있고 실질적 효용(用)도 있다.

실효성이 있는 것은 우리의 목적(소원)을 이루어준다. 가령 내 눈앞에 현전한 노르스름한 빵의 시각적 표상은, 내 입 안에서 달콤한 맛으로 변했다가, 내 뱃속에선 포만감 등으로 달리 현현한다. 그 다채로운 감각적 표상들은 최종적으로 허기의 해소라는 목표에 도달한다. 그러나 내 머릿속에 떠올린 빵은 단지 관념적 빵에 불과하기에 그런 목표에 도달할 수 없다.

불가(佛家)에선 "물이 찬지 더운지는 먹어봐야 안다"고 한다. 그런 앎은 내 소원을 이루어주고, 또 아침의 청량한 물만큼이나 행복하고 순결하다. 그래서 우리는 멈추지 않고 계속해서 그런 생생하고 풍요로운 세계를 실감하고 싶어 하는지도 모른다.

물질세계에 대한 변론

유식의 교설은 세상 사람들로부터 종종 심리적 저항을 불러 일으킨다. 특히 그 말을 물질세계에 대한 진술로 받아들일 때 그러하다. 세상 사람들은 '모든 것은 마음이 현현한 것'이라는 말을 들으면 즉각적으로 이런 당혹감을 느낀다. "그렇다면 우리 앞에 놓인 이 엄연한 물질세계는 대체 무엇이란 말인가." 마치 자기 몸을 받쳐주던 굳건한 땅이 푹 꺼지는 듯한 느낌을 받는다고나 할까. 그래서 유식의 이치를 옹호하는 사람들은 밖으로부터 오는 시련이 많을 수밖에 없다.

나는 예전에 한 저명한 불교 논리학자의 책에서 유식학 자들의 시련을 목격한 적이 있다. 정작 중요한 각종 이론과 논증들은 거의 잊혔지만, 몇몇 인상적인 문구들은 오랫동안 뇌리에 남았다. 유식 논사들이 대적자들과의 지난한 논쟁에서 느꼈을 피로감이 엿보이는 그런 문구였다. 예를 들면 이런 것이다.

> 단순한 인간들은 (이분법의) 밑바닥까지 내려가보지도 않고 물질과 (마음 등을) 상상하고 이분화한다. … (그런 세속적 구분은) 공(空) 안에서 흔적도 없이 사라진다.
> '셰퍼드보다도 못한' 단순한 인간들이 깊이 생각해보지도 않고, 외부 세계에도 연장(延長)을 지닌 물체들이 실재한다는 생각에 빠진다. 그러나 철학자라면 그런 것을 가정할 만한 논리적 필연성이 없다는 것을 알고 있다.
> _테오도르 체르바스키, 『불교 논리학 2』

이 책의 저자는 두 명의 명석한 유식 논사의 말을 인용하고 있다. 그런데 그 두 사람이 '단순한 인간들이 생각하는 것'이라고 깎아내린 그것은 바로 우리가 평소에 생각하는 것이다. 우리는 이 세상이 마음과 물질, 주관과 객관 등과 같은 상반된 범주로 이분된다고 생각한다. 또 마음과 분리된 외부 세계에 별도로 공간적 부피를 지닌 물체들이 존재한다고 믿는다. 저 유식 논사들이 우리의 일상적 마음속에서 유지되는 그런 이분적 세계를 당연하게 받아들이지 않았다는 것은 분명하다. 그래서 그들이 '유식무경(오직 내적인 '식'만 있고 외적인 경계는 없다)'의 교설을 옹호했을 때 물질세계의 존재를 부정하는 사람들이라는 오해를 받았다.

유식 논사들은 특히 논리학으로 무장한 실재론자들로부터 심한 모욕과 논리적 맹공에 시달려야 했다. 쌍방이 모두 명석하고 논리에 밝았던 사람들이었으니, 저 '셰퍼드보다도 못한 단순한 인간들'이라는 원망 어린 말은 어쩌면 유식 논사 자신의 불행을 표현한 것이리라. 논쟁에서 이긴다 해도 끝내 타인과 소통하지 못하리라고 예감하는 자의 그 답답하고 우울한 심정 말이다. 그래서인지 간혹 논쟁에 이겼다고 자평하는 가운데 이런 푸념을 덧붙이기도 한다. "저들은 우리가 모든 실재를 거칠게 부정한다고 주장하면서 언제나 우리를 모욕할 준비가 되어 있다." 나라도 조금 힘을 보태고 싶어진다. 내 능력으로 할 수 있는 것은, 그의 목소리가 남들에게 조금 더 친근하게 들리도록 해주는 것뿐이지만 말이다.

우선, 『해심밀경』「분별유가품」으로 거슬러 올라가보겠다. 이곳에서 '유식'의 도리가 처음으로 설해졌기 때문이다. 이 품에서는 '유가(瑜伽, Yoga)'라고 통칭되는 지관(止觀) 수행의 여러 문제들을 자세히 설명한다. 먼저, 한 보살이 묻고 부처님이 답하는 형식을 취한다. 그 보살이 헷갈리는 것 중 하나는 '삼매 속에 현현하는 영상[三摩地影像]'이다. 지관을 닦는 사람들은 한적한 곳에 머물면서 삼매에 들어 어떤 영상을 띄워 그것을 관한다. 만약 그가 치성한 탐착을 덜어내기 위해 부정관(不淨觀)을 닦으려 한다면, 삼매 속에서 검푸른 시체 등의 영상을 현현해내어 그것을 관할 것이다.

그의 눈앞에 생생하게 나타난 불쾌한 영상들은 마치 바깥에 실제로 있는 물체처럼 보인다. '이 영상이 그것을 관하는 마음에 속한다고 보아야 할까, 아니면 마음과 다른 어떤 것이라고 보아야 할까.' 보살들이 바른 관찰을 이어가려면 그것도 확실히 짚고 넘어가야 한다. 이에 대해 부처님은 이렇게 답한다. "아무런 차이가 없다고 해야 하느니라. 그 영상은 오직 식(識)일 뿐이기 때문이다." 저들의 지관 수행에 대해 잘 모르는 사람일지라도 그 대답에 크게 이의를 달지는 않을 듯하다. 아마도 이렇게 너그럽게 받아들일 것이다. '삼매의 영상은 지관을 닦는 자의 정신력으로 현현해낸 것이니, 그의 마음에 속한다고 말할 수 있다.'

삼매 속에서 현현한 영상이라면 그렇다 치자. 그런데 우리의 일상적 마음은 늘 산란된 상태에 있고, 그런 마음에도 생생한 물질세계의 영상이 나타난다. 내친김에 저 보살은 그에 대해서도 묻는다. "자성이 머물면서 색 등을 인식하는 마음[自性而住緣色等心]에 나타난 대상의 영상도 이 마음과 또한 다름이 없습니까." 문장의 표현은 어려워도 질문의 취지는 명료하다. 여기서 '자성이 머물면서 색 등을 인식하는 마음'이란 바로 그 자체의 본성상 색깔·소리·향기·맛·촉감 등과 같은 물질세계를 분별하는 마음, 즉 다섯 종류의 감각을 가리킨다. 보살은 그런 감각적 인식에 알려진 물질세계의 영상도 오직 마음이 현현해낸 것인지 묻고 있다. 이에 대해 부처님은 "그렇다"고 답한다. 그리고 이렇게 짧게 덧붙인다. "그 영상이 마음 바깥에 있다고 여기는 것이 오히려 전도된 견해다."

　　여기부터는 모두가 어리둥절해질 것이다. 철학적으로 혹은 심리적으로 우리를 당혹스럽게 하는 것은, 저 삼매에서 현현된 영상이 그 삼매의 마음과 다르지 않다고 말했기 때문이 아니다. 바로 우리의 일상적인 산란된 마음에 나타난 저 물질세계의 표상이 그 마음과 다르지 않다고 말했기 때문이다. 우리는 거의 인류의 역사와 맞먹는 세월 동안 저 감각적 표상들이 본래 바깥 세계에서 유래했다고 생각하면서 살아왔다. 그것이 '거꾸로 된 생각'이라고 말한다면, 사람들은 오랫동안 정들었던 저 바깥 세계가 부정되었다고 느낄 것이다. 그러니 그 바깥 세계는 '범부의 정 속에서만 있고 이치상으로 없다[情有理無]'고 하는 것을 아무리 논리적으로 입증한다 해도 사람들의 심리적 반감까지 누그러뜨리긴 어렵다.

　　이제 내가 다시 한번 변론해보겠다. 우선, 유식 논사들이 물질세계의 존재를 부정했다는 것은 터무니없는 오해다. 아뢰야식과 감각에 알려지는 물질세계야말로 가장 생생하고 풍요로운 실물들의 세계다(2장 '감각에 대하여' 참고). 다만 아뢰야식에 현현한 몸과 세계든, 다섯 종류의 감각에 나타나는 다채로운 감각적 표상이든, 모두 마음과 함께 움직이고 흘러가면서 변하는 것이다. 그런 것 말고 또 뭐가 있겠는가. 그럼에도 습관적으로 마음 바깥에 존재하는 물질세계를 상정하는 사람들은, 마음과 분리된 어떤 것, 마음에 알려질 수 없는 어떤 것, 마음 너머의 초월적인 어떤 것을 생각하는 것이다. 하지만 알려질 수도 없고 상상되지도 않는 어떤 것이 '있다'고 생각하는 것이 훨씬 더 비논리적이고 또한 허망하기까지 한 것이 아닐까. 그런 것을 뭐라고 부르든, 그 이름엔 아무것도 담기지 않기 때문이다. 그처럼 텅 빈 것은 오히려 풍요롭고 생생한 물질세계와는 상반되기에 물질이라 불릴 수조차 없다.

그렇다면 차라리 우리가 찾는 것은 가까운 데 있다고 생각하면서, 이렇게 관해보는 것은 어떨까. 물질세계는 감각된 것들로 채워져 있다. 그것들은 순간순간 달리 보이고 달리 들리고 달리 만져지지만, 물질의 실질적 효용을 변함없이 드러낸다. 단, 이곳에서는 내가 문턱을 밟고 지나감에 따라 그 문턱의 단단한 감촉도 사라진다. 감각은 사라진 과거의 경계를 기억하지 않기 때문이다.

만약 그의 마음이 여전히 '문턱'의 형상에 집착하고 있다면, 과거와 현재의 경계를 연결 짓는 또 다른 마음이 그렇게 하는 것이다. 그것이 바로 의식(意識)으로, 그 이야기는 다음으로 넘기려 한다.

의식의 세 가지 경계

이제 범부의 마음에 대한 사색도 어느덧 그 종착지에 이르렀다. 바로 의식(意識)이다. 나는 오래전 공식 일정으로 방문했던 지역을 가벼운 마음으로 다시 여행하는 사람처럼, 『성유식론』이라는 책으로 들어가서 자유로이 노닐고 싶었다. 그러나 실상은 가까운 거리에서 열띤 경기를 지켜보는 것처럼, 그 책의 촘촘한 논리 체계에 휘말려서 허우적댄 듯하다.

이쯤에서 긴 여정의 처음과 끝을 다시 통하게 만들어보고 싶다. 우리는 환상의 세계를 지어내는 범부의 마음에 대해 사색하면서 여기까지 이르렀다. 누차 말했듯, 환상의 세계가 현현하는 경로는 단순치 않으며, 여기에는 여덟 종류의 마음

234

이 개입되어 있다. 아뢰야식, 말나식 그리고 경계를 요별하는 여섯 종류의 식(識)이 그것이다. 배후에서 모든 것을 주관하는 한 명의 환술사란 없다. 그럼에도 굳이 어떤 것에 최고의 환술사라는 영예를 부여한다면, 그것은 의식일 것이다.

『성유식론』에서는 의식을 다섯 종류의 감각[五識]과 짝지어 '경계를 요별하는 식'이라 칭하였다. 의식은 단독으로 일어날 수도 있지만, 감각이 일어나면 의식도 함께 일어난다. 그래서 감각과의 관계에서 관찰하면 의식에서 무슨 일이 벌어지는지가 더 분명해진다. 한마디로 '증익(增益)'이 일어난다. 다시 말하면 찰나마다 달리 현현하는 현재 이 순간의 감각적 표상들 위에 언어적 환영이 덧붙여지는 것이다. 이번 이야기가 너무 이론적으로 흐르지 않을까 염려돼서, 한 작가의 문장에서부터 시작하려 한다. 여기서 언급된 어눌한 인물이 저 증익이 일어나기 전의 '현재 이 순간'을 만끽하고 있기 때문이다.

어느 날 밤, 미시시피강 위에서 잠을 자던 허클베리 핀이 깨어난다. 그가 탄 뗏목이 어둑어둑한 강물을 따라 아래로 아래로 떠내려가고 있다. 날씨도 제법 쌀쌀한 것 같다. 쉼 없이 들려오는 물소리가 허클베리 핀의 귀청을 두들긴다. 그는 천천히 두 눈을 뜬다. 수없이 많은 총총한 별들이 시야에 들어온다. 줄줄이 늘어선 나무들의 모습이 흐릿하게 드러난다. 잠시 후 그는 다시 캄캄한 물속 같은, 도무지 기억해 낼 수 없는 꿈속으로 빠져든다. (중략) 허클베리 핀이 지각한 강물과 강변에 또 다른 강변의 또 다른 실체로서의 강물 개념을 덧붙이는 일, 즉 즉각적인 인식의 그물망에 또 다른 인식을 추가하는 것은 관념론에서 볼 때는 부당한 일이다. 내가 보기에도 연대기적 정확성, 예컨대 1849년 6월 17일 오후 4시 10분에서 4시 11분 사이에 무슨 일이 있었다는 식으로 사건을 붙여 넣는 것 역시 부당하기는 마찬가지이다.

_호르헤 루이스 보르헤스,『또 다른 심문들』, '시간에 대한 새로운 논증' 중에서

보르헤스가 이 글 후반부에서 '부당한 일'이라고 평한 것은, 바로 공간과 시간의 연속을 상정하는 것이다. 그러니까 허클베리 핀의 마음에 즉각적으로 주어진 다채로운 감각적 표상들은 각기 그 자체로 독립적이고 자치적인 현재이다. 그런 즉각적인 인식의 그물망 위에 '강물'이나 '강변'과 같은 공간적 개념을 덧붙인다거나, '그 일이 몇 년 몇 월 며칠 몇 시의 10분에서 11분 사이에 일어났다'는 식으로 일련의 시간 속에 '자치적인 현재'를 끼워 넣을 권리는 우리에게 없다.

『성유식론』의 논사라면, 그런 부당한 일이 바로 '의식'에서 일어난 '증익'이라고 말할 것이다. 감각은 오직 찰나마다

나타났다 사라지는 현재의 색깔·소리·향기·맛·촉감만을 알아차린다. 그것은 거의 무분별(無分別)이기에 가짜 말에 속지 않는다. 이 이상한 물질세계에는 날짜도 없고, 문턱과 빗방울, 동전 등과 같은 사물의 이름도 없으며, 어떤 고유명사도 없다. 그러나 의식에겐 방금 스치고 지난 문턱, 그 문턱을 포함하는 집, 그 집을 에워싸는 땅과 하늘도 있다. 또한 그 사소한 사건이 어제 오후 1시와 2시 사이에 일어났다고 어렴풋이 기억하기도 한다. 이처럼 순간적으로 나타났다 사라지는 감각적 표상들 위에 그것들이 속한 일련의 공간과 시간을 상정하는 것이 바로 '증익'이다.

어째서 의식에서는 항상 이러한 증익이 일어나는가. 그 이유는 의식의 깊은 곳에 감춰져 있다. 의식의 분별이란 말로 생각하는 것이다. 말하자면 가짜 말에 의지해서 그 언어적 환영을 떠올리는 것이다. 만약 의식이 감각과 함께 일어났다면, 전후로 이어지는 감각적 표상들에서 일련의 유사성을 보려 할 것이고, 다시 사물의 뚜렷한 윤곽을 찾으려 할 것이다. 그리고 그것을 하나의 이름(단어) 혹은 문구로 붙잡는다. 가령 '강물'이라는 이름을 생각해내고는 자동으로 '강물'의 관념을 떠올린다. '강물'이라는 단어 옆에는 '강변' 등도 줄지어 늘어서 있다. 감각적 표상들은 찰나마다 달리 현현하지만, 언어적 환영은 언제 어디서든 그 이름만 생각해내면 동일하게 나타난다. 그런 언어적 환영은 증익된 것으로, 실유(實有)하지 않는 허구다.

『성유식론』의 주석가들에 따르면, 언어적 환영이 증익된 정도에 따라 의식에는 세 종류의 경계가 현현한다. 바로 성경(性境), 대질경(帶質境), 독영경(獨影境)이다. '성경'이란 그 자성이 그대로 알려진 것, 즉 실질적 체(體)와 용(用)을 지닌 색·성·향·미·촉의 물리적 경계를 말한다. '대질경'이란 의식에 의해 어느 정도 조작되었지만 물질세계(본질)의 그림자를 띠고 있는 경계를 말한다. '독영경'이란 물질세계로부터 기인한 것이 아니라 오로지 의식이 홀로 멋대로 지어낸 경계를 말한다. 이와 관련해서 주석가들의 해석이 분분하지만, 너무 복잡해서 여기서 논할 것이 못 된다. 차라리 나는 저 허클베리 핀의 그날 밤으로 돌아가서 내가 이해하는 바를 말해보고 싶다.

미륵의 후예들에 따르면, 깨어나거나 꿈꾸는 것은 모두 의식의 작용이다. 미시시피강 위에서 허클베리 핀의 의식이 서서히 잠에서 깨어나고 있을 때, 떠내려가는 뗏목의 흔들림이나 밤공기의 쌀쌀함, 출렁거리는 물소리, 두 눈 위로 펼쳐진 밤하늘의 총총한 별들, 줄줄이 스쳐 가는 강변의 나무들을 알아차린다. 물질세계의 감각적 표상들은 그의 의식의 명료한 조작을 거칠 새도 없이 찰나마다 명멸하다가 이윽고 어둠 속에 묻힌다. 그의 의식이 다시 깊은 꿈속으로 들어갔기 때문이다. 옛 주석가들에 따르면, 의식이 감각과 함께 일어나서 동일한 물리적 경계를 인식하고 있을 때 그 첫 찰나의 의식은 거의 무분별에 가깝다. 단지 그 의식은 경계들이 현전했음을 직감할 뿐 명확한 판단을 내리지는 않기 때문이다. 물질세계는 의식에 말을 건네는 대신 제 모습을 잠깐 보여주고 사라져버린다. 이때의 의식은 감각과 마찬가지로 '성경'을 본 것이고, '현재의 이 순간'을 경험하고 있는 것이다.

그런데 잠에서 깨어난 허클베리 핀의 의식이 점차로 명료해져 이윽고 평소의 의식으로 돌아왔다고 치자. 그는 아마도 모든 사물의 윤곽을 뚜렷하게 알아차리고 내가 어디쯤 와 있는지, 지금은 몇 시인지 등을 확인할 수도 있다. 그의 의식에는 다양한 말[릅]들이 떠오르고 그 말과 결합된 언어적 환영들도 함께 나타날 것이다. 이러한 환영들은 증익된 것이긴 해도 물질세계의 그림자를 띠고 있기에 '대질경'이라 한다. 다시 오랜 시간이 지난 후 허클베리 핀이 그날 밤 미시시피강 위의 추억을 회상하게 된다면, 그의 의식에 떠오른 희미한 기억들 또한 증익된 언어적 환영일 테다. 그 기억 속의 희미한 영상들도 근본적으로 말에 의지해서 상기되는 것이기 때문이다. 그 역시 의식의 조작이 덧붙여진 것이긴 해도 물질세계의 그림자를 간직한 것이기에 '대질경'에 속한다.

이런 것 말고도, 그의 의식이 단독으로 관장하는 경계의 목록 중엔 감각적 세계와는 무관한 것도 많다. 가령 '토끼 뿔', '거북이 털', '허공 꽃', '석녀의 아들' 등등. 이런 것들은 의식이 오로지 가짜 말을 멋대로 조합해서 지어낸 허구로서, 그 근거가 되는 실물은 전혀 없는 것이다. 오로지 의식이 홀로 지어낸 환영에 불과하기에 '독영경'이라 한다.

나는 지금까지 범부의 마음에 대해 사색하는 과정에서 가능한 한 그것의 경이로움을 보려고 했다. 범부의 마음이야말로 환상의 세계를 지어내는 최고의 환술사이기 때문이다. 감각에 주어지는 '현재라는 이 순간'도 찬란하지만, 의식이 그 위에 증익시킨 '언어적 환영'도 신비한 것이다. 그 둘의 공조로 현현하는 환상의 세계는 더욱 오묘하다. 그래서 보르헤스의 언급과는 달리, 의식의 '증익'을 부당한 것으로만 볼 것도 아니라는 생각이 드는 것이다.

산 너머 솟아오른 연기만 보고도 '불'을 알아차리고, 담장 위로 삐져나온 뿔만 보고도 '소'를 알아차리는 것도 의식이다. 가짜 말에 속지 않고 오히려 통달하였기 때문이다. 만약 상상력이 풍부한 사람이라면, 남들이 생각지도 못한 단어들을 저 미시시피강에 덧붙여서 이미지를 끝없이 확장시키는 것도 가능하다. 그때 그의 의식이 상상하는 미시시피강이 19세기 중반 어느 날 밤 허클베리 핀이 직접 실감했던 미시시피강보다 덜 멋진 것이라거나 덜 광활하다고 말할 수는 없으리라.

말의 의미

앞에서 의식의 경계를 세 종류로 분류해보았는데, 그 이유는 아주 단순하다. 후대의 『성유식론』 주석가들 사이에서 그런 분류법이 자주 회자되었기 때문이다. 그런데 우리 모두가 알고 있듯, 무엇을 세세하게 분류하는 행위치고 새로운 직관을 제공하는 경우는 별로 없다. 오히려 그런 임의의 분류법이 많아질수록 최초의 중요한 통찰이 묻힐 수도 있다. 그래서 다시 원점으로 돌아가고자 한다.

　감각에 대해 말하다 보면 반드시 물질세계의 본성을 다루게 되듯, 의식에 대해 말하다 보면 반드시 '말의 의미[語義]'란 무엇인가를 따지게 된다. 잠깐이라도 자기의 의식 안을 들여다보면, '말로 된 생각'들이 두서없이 일어났다가 사라짐을 알 수 있다. 게다가 그 말은 모두 가짜 말이다. 지금까지는 그 가짜 말에 따라다니는 어떤 관념을 그저 '언어적 환영'이라고만 하였다. 앞질러 말하면, 그것이 바로 '말의 의미'다. 그러니까 의식이란 태생적으로 말의 의미를 헤아리는 운명을 타고난 것이다.

미륵의 후예들에겐, 유식이라는 교의를 정립하기 이전부터 모든 것을 '말의 의미'로 다룬 오랜 전통이 있다. 예전 글(2장 '아뢰야식의 경이로운 환술' 참고)에서 그들이 암묵적으로 받아들이는 어떤 '창조 신화'를 언급한 적이 있다. 이 환상의 세계는 말장난(희론)으로 창조된 것이다. 세상의 모든 것에는 이름이 붙여져 있고, 하나의 이름은 어떤 대상을 가리키게(혹은 현현하게) 되어 있다. 시작 없는 때부터 무수한 세월 동안 이런 말의 유희를 즐긴 결과로 다음과 같은 신기한 일들이 저절로 벌어졌다. 마치 하나의 말이 어떤 대상을 드러내는 것과 유사하게, 마음은 말들의 배열과 질서를 따라 세계를 알아차린다. 그때 저 환상의 세계가 현현하는 것이다.

천상의 책(『유가사지론』)에 따르면, 하늘[天]과 인간, 축생 등의 분별은 본래 언어적이라고 한다. 가령 하늘이나 성인 인간처럼 말을 잘 이해하는 자들은 '언어를 따라서 알아차리는 자[言說隨覺]'이다. 단, 갓난아기나 소, 양처럼 아직 말을 이해하지 못하는 중생들은 '언어가 잠재된 상태로 알아차리는 자[言說隨眠]'이다. 이 구분을 범부의 마음에도 적용해볼 수 있다.

> 그의 아뢰야식은 잠재된 언어로 세계를 알아차리지만, 그의 의식은 언어를 따라서 자기만의 경계를 분별한다.
> _둔륜, 『유가론기(瑜伽論記)』 제19권

그러니까 의식이야말로 말을 알아듣고 그 말의 의미를 이해하는 자이다. 가령 '불'이라는 이름은 '불'을 가리키도록 정해져 있다. 누군가 "불 좀 켜봐"라고 하면, 또 다른 누군가의 의식은 그 말의 의미를 쉽게 이해하고 그에 맞는 행동을 취할 것이다.

그런데 그 말의 의미라는 것이 철학적으로는 참으로 난감한 주제이다. 우리가 '불'이라는 말로 이해하고 있는 그것의 정체는 대체 무엇일까. 미륵의 후예들이 그것을 '마치 …처럼 나타난 것', 즉 가짜 환영으로 간주했다는 것 정도는 이미 알고 있다. 이제부터는 그것의 특징을 하나 더 말해보려 한다. 나는 독자들을 너무 복잡한 언어철학의 문제들로 끌어들이고 싶진 않다. 그 대신, 천년 넘게 불교 내에서 알게 모르게 전해져온 어떤 문구를 중심으로 그 이야기를 해보려 한다.

대략 2세기 무렵 인도의 한 대아라한이『대비바사론』제 15권에서 이런 아리송한 문구를 남긴다. "'불'이라고 말할 때 마땅히 혀를 태워야 할 것이고… '밥'이라고 말할 때 마땅히 굶주림이 사라져야 할 것이다." 다시 그로부터 1세기 정도 지나 용수 보살이『대지도론』제15권에서 그 말을 되풀이한다. "불이라고 말할 때 마땅히 혀를 태워야 할 것이다." 이 문구는 중국 땅으로 넘어와서 다시 중국어로 전해진다. 결코 잊혀서는 안 될 불멸의 기억이 다른 언어의 옷을 입고 계속해서 환생한다고나 할까. 그것이 망각 속으로 사라지기에 충분한 세월이 지났음에도, 12세기 초 무렵 야보 선사가『금강경』을 주석하면서 다시 그 말을 되풀이한다. 다만, 인도의 두 선현이 반어법을 썼던 것과는 달리 이 중국 선사는 본래 취지를 살려 이렇게 말한다. "돌(咄)… 불이라고 말해도 일찍이 입을 태운 적은 없도다[道火不曾燒却口]."

이상에서 언급한 사람들은 매우 다른 철학적 성향을 지닌 불교도들로, 서로의 존재를 알지 못했거나 혹은 알았다고 해도 결코 만날 수 없었다. 아득한 공간과 시간이 그들을 갈라 놓고 있었기 때문이다. 그럼에도 그들은 어떤 단순명료한 통찰을 공유하고 있었다. 그것은 이런 것이다.

만약 누군가 타오르는 장작불 속으로 손을 밀어 넣으면, 곧 그의 손은 뜨거워지고 결국 타버릴 것이다. 감각된 불은 실재의 불로서, 뜨겁게 태우는 작용이 있기 때문이다. 마찬가지로 만약 누군가 입으로 '불'이라고 발성할 때마다 그의 혀와 입이 타버린다면, '불'이라는 말로도 실재의 불에 도달했다고 말할 수 있겠다. 그러나 그런 일은 결코 없다. 그것은 '불'이라는 말이 실재의 불이 아닌 가짜의 관념적 '불'을 드러내기 때문이다. 그런 관념적 불은 실재가 아니기에 무엇을 태우는 실질적 작용이 없다.

여기서 조금 더 우리의 사색을 밀고 나아가보자. '불이라 말해도 입을 태우지 못한다'고 하는 문구에는 세 종류의 상이한 '불'이 전제되어 있다. 실질적으로 무엇을 태우는 실재의 '불', 하나의 말로서의 '불', 그리고 그 말에 의해 마음속에 떠오른 관념적 '불'이다. 이 가운데 실재의 불이란 지금 이 순간 감각에 의해 알려지며 찰나마다 달리 현현하는 불이다. 이처럼 매 순간 달리 현현하는 감각적 표상들이 바로 불의 자상(自相, 사물 자체의 고유한 상)이다. 이와는 달리 '불'이라는 말로 떠올리게 되는 관념적 '불'은 의식에 알려지는 것으로, 언제 어디서든 단지 이름만 상기하면 동일한 관념적 표상으로 현현한다. 가령 내가 서울에 있든 부산에 있든, 과거·현재·미래의 어느 때든, 나는 '소[牛]'라는 말로 항상 동일한 '소'의 관념을 떠올린다. 그 '소' 또한 관념적 '소'이기에 내게 우유를 제공하진 못한다.

그렇다면 마치 깜깜한 방 안에 전등이 켜지면 사물의 형체가 드러나듯, 의식이 하나의 이름을 상기하기만 하면 곧장 모습을 드러내지만 실질적 효용은 없는 그런 것을 무엇이라 해야 할까. 미륵의 후예들은 그것을 공상(共相, 일종의 '보편' 개념)이라 칭하였다. 그것은 일군의 유사한 사물에서 도출해낸 사물의 보편상이다. 가령 한 마리 '소'는 일군의 다른 개별적 소들과 유사성을 갖기에 '소'라고 인식되지만, 또한 그들만의 유사성으로 인해 '돼지'나 '염소' 등과는 구별된다. 이러한 사물의 보편상, 즉 공상이 바로 이름의 의미다. 따라서 『성유식론』제2권에서는 이렇게 말한다.

가짜 지식[假智, 세속적 지식]과 가짜 말[假詮]은 자상(自相)을 얻지 못하고, 오직 제법의 공상(共相)에서 작동한다.

사실 불교 내에서 미륵의 후예들이야말로 누구보다 말과 의미의 본성에 대해 깊이 사색하는 사람들이다. 그 사색의 놀라운 점은, 말의 의미(공상)에 대해 새로운 직관을 제시하기 때문이 아니라, 그것의 비실재성을 증명하기 위해 고안해낸 논증 때문이다. 그들은 문법학과 논리학의 방법을 동원하여 저 공상이 실체 없음을 논증하였다. 나는 그 논증을 이해하기 위해 많은 시간과 지력을 소비하였다. 그런데 지금 와서 내가 더 놀라는 것은 이런 것이다.

　　말의 의미의 본성에 대한 통찰은 아득한 옛날 어떤 아라한의 아리송한 문구 속에 이미 나타나 있었고, 이천 년이 지난 지금의 나에게까지 전해지고 있다. 나는 이 우주 안에서 완전히 새롭고 독창적인 생각이란 없다는 사실을 발견할 때마다 항상 기쁨과 놀라움을 느낀다. 과거에 전혀 없었던 것이 현재에 나타나는 법은 없고, 현재에 있는 것은 미래에도 다시 나타나게 되리라. 저 아리송한 한마디 또한 쉽게 잊히지 않을 것이고, 나보다 훨씬 오래 살아남아 어떤 진실을 일깨워주기 위해 계속 환생할 것이다.

죽지 않는 자의 죽음

'불'이라 말해도 입을 태우지 못하듯, 말로는 제법의 실상에 도달할 수 없음을 우리는 알고 있다. 모든 것은 본래 무엇이라 말해질 수 없는 불가설(不可說)인데, 가짜 말들에 연연할 필요가 있겠는가. 모든 말은 본래 메타포[假說]에 불과하고 은유적 가치만 지닌다. 하지만 '불'이라는 말소리를 들으면, 우리는 땅도 아니고 물도 아니고 바람도 아닌 '불'의 영상을 떠올린다. 메타포에 속지 않는다면, 그런 가짜 말들도 인류의 소중한 통찰을 은밀하게 실어 나르는 좋은 방편이 될 수 있다.

시인은 말할 것도 없고, 철학자들도 종종 자신의 사색의 결과를 어떤 메타포에 담아두고 싶어 한다. 나도 그런 문구로 오랜 이 여정을 일단락짓고 싶다. 바로 '죽지 않는 자의 죽음'이다.

먼저, 이 문구를 오랫동안 가슴에 품고 있었던 배경을 잠깐 소개하고 싶다. 나는 내가 보고 듣고 생각한 모든 것이 찰나 생멸하는 무상한 것임을 부정하지 않는다. 또 세상의 모든 것이 모두 마음이 현현해낸 환영들로 마치 꿈과 같다고 관하였다. 하지만 자신의 무상함과 덧없음을 느끼는 자는 원형, 영원, 불사 등에 대해서도 사색하게 마련이다. 동시에 인생이 너무 짧다는 사실에 새삼 서글퍼지기도 한다.

> 사람의 목숨은 지극히 짧다. (…) 마치 도축장에 끌려가는 소가 한 걸음씩 내디딜 때마다 죽을 곳에 한 걸음씩 가까워지는 것과 같다. 사람의 하루는 소의 한 걸음과 같고, 목숨의 흘러감은 이보다 더욱 빠르다.
>
> _『육도집경(六度集經)』제8권

사람이라면 누구나 '죽은 이후에는 어떻게 되는가' 하는 물음을 가슴속에서 완전히 지워버리기 힘들다. 그런 물음 속으로 언제부턴가 불사(不死)의 관념이 끼어들었고, 내 마음속에서는 이런 생각이 싹트게 되었다.

세상의 모든 것이 마음이 현현해낸 것이라면, 죽음 또한 하나의 꿈이 아닐까. 꿈속에서 나와 또 다른 꿈속으로 들어가는 꿈 말이다. 이런 곳에선 죽음이 곧 깨어남이다. 그러니 아무도 죽지 않는다. 결국 모든 죽음은 죽지 않는 자의 죽음이다.

이와 유사한 생각은 지구상에서 반복해서 나타났지만, 어쨌든 나는 『성유식론』이라는 책을 읽으면서 맨 처음 그런 생각을 떠올렸다고 믿고 있다. 그래서 나름의 교리적 근거를 제시할 준비도 되어 있다. 그 근거는 대개 이전에 말했던 것이기도 하다. 그 책에 따르면, 마치 바닷물에 의지해서 파랑이 출렁이는 것처럼, 근본식(根本識, 아뢰야식)에 의지해서 그 밖의 식들이 일어난다. 말하자면 아뢰야식이 무거운 업력에 떠밀려 폭류처럼 흐르고 있다. 그 거센 물살 위로 무수한 감각적 표상들이 찰나마다 어지럽게 나타났다 사라진다. 의식은 그 명멸하는 감각적 단편들을 연합하고 변형시키면서 갖가지 형상을 지어내고 갖가지 이름을 부여한다.

만약 이런 곳에 '죽지 않는 자'가 있다고 말하려면, 부처님이 설한 무아(無我)와 무상(無常)의 가르침과 어긋나면 안 된다. 그러기 위해선 최소한 두 가지 요건을 갖추어야 한다. 첫째, 그것은 영원불변의 자아가 아니라 항상 움직이고 흘러가며 변하는 것이다. 둘째, 그것은 일정 기간 멈추지 않고 살아가고 있고, 죽음의 순간을 통과해서도 다시 나타나 계속해서 새로운 생을 열어가는 것이다. 이런 기준을 감각과 의식에 적용하면 전혀 맞지 않지만, 아뢰야식에 적용하면 딱 맞다.

내가 살아 있을 때조차 다섯 종류의 감각은 너무 쉽게 자주 끊어지며, 의식은 늘 현전해 있긴 해도 어떤 특수한 무심(無心)의 상태에서는 일시적으로 끊어지기도 한다. 이와 달리, 무시이래로부터 업력을 짊어진 아뢰야식은 끊임없이 흔들리고 변하다가 이 생에서 저 생으로 이어진다. 업력이 다하지 않는 한, 죽음이 그것을 완전히 지워버릴 수는 없다. 그러니 우리 범부들은 각자의 아뢰야식으로서는 '죽지 않는 자'이리라.

범부의 아뢰야식은 죽지도 잠들지도 않고 기나긴 불면의 밤을 보내고 있다. 그렇다면 무엇이 죽는 자이고, 또 그에게 죽음이란 어떤 의미를 지닐까. 생각해보면 저 환상의 세계에서는 감각이 죽음의 주체일 수가 없다. 살아 있을 때조차 감각들은 일어나 있는 경우보다 일어나지 않은 경우가 더 많다. 설사 일어났다고 해도 거의 무분별이기에 '죽는다'는 생각조차 일으킬 수 없다. 죽음을 의식하고 '죽는다'는 생각을 일으키는 자가 죽는 것이다. 그렇다면 눈을 감고 귀를 닫고 입을 다물고 있어도 항상 현전해 있으면서 오직 말만 가지고 생각할 수 있는 자, 그리고 '죽음'이라는 말의 의미를 헤아리고 있는 자, 즉 의식이 죽는 것이리라.

『성유식론』의 논주도 냉혹하리만큼 단순한 어조로 그렇게 말하였다. 그 책에서는 죽음이라는 주제를 정식으로는 다루지 않고, 의식과 연관된 여러 주제를 다루는 과정에서 '죽음'을 잠깐 언급하였다. 그에 따르면, 죽음이란 의식이 소멸한 상태다. 즉 우리가 살아 있는 한 의식은 항상 현전해 있다. 다만 다섯 가지 예외가 있다. 바로 멸진정(滅盡定), 무상정(無想定), 무상천(無想天, 색계의 제4선에 있는 천), 극심한 수면[極重睡眠], 극심한 혼수상태[極重悶絶]다.

먼저, 세 종류의 특수한 선정 상태에 놓이면 그 선정의 힘이 일시적으로 의식의 발생을 가로막는다. 멸진정과 무상정에 들었거나 혹은 무상천에 태어나는 경우가 바로 그렇다. 다시 산란된 마음 상태에서 일시적으로 의식이 끊어지는 경우도 있다. 극심한 피로나 약물 등으로 인해 꿈 없는 깊은 잠에 들었거나 극심한 혼수상태에 빠졌을 때다. 이와 같은 다섯 가지 경우 비록 일시적으로 의식이 끊어지긴 해도 살아 있는 한 다시 깨어난다.

그런데 매우 극심한 혼수상태에서 빠졌다가 다시 깨어나지 못하면, 이것이 바로 죽음이다. 그리고 죽음의 순간과 마찬가지로 태어남의 순간도 똑같이 극심한 혼수상태에 속한다. 윤회의 세계에선 죽음과 태어남이 쌍생아이기 때문이다. 따라서 『성유식론』 제7권에서 다음과 같이 말한다.

> 죽음과 태어남은 혼수상태[悶絶]에 속한다고 해야 한다. 그
> 것은 가장 극심한 혼수상태이기 때문이다.

나는 한때 미륵의 후예들이 죽음의 문제를 그저 두뇌의 냉혹한 판단에 맡겨둔 것은 아닌가 하고 생각한 적도 있다. 그러나 그런 태도 또한 죽음을 다루는 그들만의 진지한 방식이다. '죽음은 아주 극심한 혼수상태에 속한다'라고 하는 냉정한 한마디는 마치 메타포에 속지 않겠다는 의지의 표현처럼 느껴진다. 마치 사약을 마신 그날 감옥 안에서 제자들과 태연하게 죽음과 영혼 불멸 등에 관해 토론을 벌이던 소크라테스를 연상시킨다고나 할까. 전하는 바에 따르면, 부처님도 죽지 않은 것이 아니라 죽는다는 생각이 없이 입적하였다고 한다. 죽는다는 생각에 앞서 태어났다는 생각이 일어났고, 죽음과 태어남을 기정사실로 여기는 것은 메타포에 속았기 때문이리라.

나는 범부의 마음에 대한 사색을 일단락지으면서 이렇게 자문해보았다. 아직 번뇌를 끊지 못한 내가 '죽지 않는 자'라고 하는 또 하나의 위험한 환영을 보았던 것은 아닐까. 그런데 운 좋게 발견한 한 철학자의 경구가 나를 조금 안심시켜 주었다.

만물의 공허함, 덧없음, 꿈과 같음을 분명하게 인식하면 할수록, 당신은 그만큼 분명하게 당신 자신의 내적 존재의 영원성을 인식하게 될 것이다. 왜냐하면 오직 당신 자신의 내적 존재와의 대조에 의해서만 사물의 본질이 분명해지기 때문이다. 그것은 마치 당신이 타고 있는 배의 항해 속도가, 배 그 자체를 응시할 때가 아니라 움직이지 않는 강 언덕을 바라볼 때 비로소 알 수 있는 것과 마찬가지다.

_아르투어 쇼펜하우어, 『쇼펜하우어 인생론』

지금까지 나 또한 마음의 거센 풍랑 속에서 표류하면서 건너편 언덕에서 아른거리는 영원, 불멸, 불사의 이미지를 바라보았다. 나의 육체적 삶이 덧없이 사라진다 해도, 내 삶의 근원적 갈망은 소멸하지 않으리라. 영국의 시인 앨프리드 테니슨은 이렇게 말하였다. "영혼은 화려한 좌석을 원하는 것이 아니라, 멈추지 않고 계속 살아가는 선물을 받고자 한다." 불가피한 죽음에 의해서도 지워지지 않는 그것을 업력이라 하든, 영혼이라 하든, 혹은 뭐라 부르든, 그것은 생과 생을 넘어서 새로운 생명의 길을 열어갈 것이다.

3장

●

마
음
을
따
라
다
니
는
것
들

부끄러움에 대해

우리는 저마다 자기 마음 안에 아주 많은 뭔가가 들어 있음을 느낀다. 중생의 마음이라고 하는 거대한 배 안에는 일생의 항해를 순조롭게 하는 필수품도 실려 있지만, 배를 전복시키고 좌초시킬 수 있는 위험물도 잔뜩 실려 있다. 가령 잘 다스려지지 않는 분노, 깊이 새겨진 원한, 무사안일한 정신, 남 잘되는 것을 시기하는 못된 심보, 모두를 질리게 만드는 뻔뻔함 등등. 만약 누군가 저 만물의 무상함을 넘어서려는 의지를 발동시키거나, 내지는 가짜 환영에서 진실한 것으로 사유를 전환시키려고 한다면, 그 전에 자기 마음 안에 뭐가 들어 있는지부터 알아차려야 한다.

생각해보면, 마음이 현현해낸 저 환상의 세계에선 종교도 철학도 과학도 심리학적 특징을 지닌다. 그래서 만약 어떤 사람이 자기 마음과 뒤엉켜 있는 저 갖가지 심리 현상들의 미세한 차이를 잘 구별해내고 꿰뚫어 볼 수 있다면, 그는 그곳의 현자로 대우받게 될 것이다. 그는 자기 마음의 밑바닥까지 내려가 모두를 해부하고, 유익한 것은 증장시키고 유해한 것은 억제하거나 도려낼 것이기 때문이다.

불교 문헌들에서는 마음에 의지해서 일어나고 또 그 마음에 의해 소유되는 갖가지 심리 현상들을 일컬어 '심소유법(心所有法)', 간략히 '심소(心所)'라고 칭한다. 앞에서도 소개했듯이, 미륵의 후예들은 그것을 51종류로 확정하였다. 그 이름만 간략히 나열해보겠다.

첫째는 모든 마음에 두루 일어나는 5개의 변행심소(遍行心所), 즉 촉(觸), 작의(作意), 수(受), 상(想), 사(思)를 말한다. 둘째는 어떤 특별한 경계를 살필 때 일어나는 5개의 별경심소(別境心所), 즉 욕(欲), 승해(勝解), 염(念), 정(定), 혜(慧)를 말한다. 셋째는 선한 마음에 항상 있는 11개의 선심소(善心所), 즉 신(信), 참(慚), 괴(愧), 무탐(無貪)·무치(無癡)·무진(無瞋)의 3선근, 근(勤, '정진'과 동일) 등을 말한다. 넷째는 모두 오염된 마음에 두루 있는 6개의 근본번뇌(根本煩惱), 즉 탐(貪), 진(瞋), 치(癡), 만(慢), 의(疑), 악견(惡見, 살가야견·사견 등 5

종 견해)을 말한다. 다섯째는 근본번뇌를 따라 일어나는 20개의 수번뇌(隨煩惱), 즉 분(忿), 한(恨), 부(覆), 뇌(惱), 질(嫉), 간(慳), 광(誑), 첨(諂), 해(害), 교(憍), 무참(無慚), 무괴(無愧) 등을 말한다. 여섯째는 경우에 따라 오염되기도 하고 오염되지 않기도 하는 4개의 부정심소(不定心所), 즉 회(悔), 수면(睡眠), 심(尋), 사(伺)를 말한다.

이상의 여러 심리 현상 중에 몇 가지는 내게 조금 특별한 의미를 갖는다. 그것들은 대개 명암이 혼재되어 있고, 내 안에서 완전히 긍정되지도 부정되지도 않았으며, 그래서 마치 선과 불선의 경계에 놓인 듯한 그런 심리들이다. 그중에 '참'과 '괴'라는 선심소도 포함되어 있다. 세상에서는 그 둘을 흔히 '부끄러움'이라 부른다. 돌이켜보면 예전에 나는 이 감정에 대해 애매한 태도를 갖고 있었던 듯하다. 부끄러움이라는 감정에서 밝음과 어두움의 분위기가 동시에 느껴졌기 때문이다.

주지하다시피, 맹자는 사람을 사람답게 하는 본연의 성질 중 하나로서 '부끄러워하는 마음[羞惡之心]'을 포함시켰다. 자기 잘못을 부끄러워할 줄 모르면 사람의 품격을 잃어버린 것이니, 개나 까마귀와 다를 바 없다는 것이다. 요즘 연일 쏟아지는 정치 기사에선 '사람이라면 부끄러워할 줄 알아야지'라는 질타의 문구를 쉽게 찾아볼 수 있는데, 아마도 저 맹자의 견해가 사회 전반에 널리 자리 잡고 있기 때문이리라.

한편으로 프랑스의 한 작가는 『부끄러움』이라는 소설에서 자신의 감추고 싶은 내면의 역사를 냉정하게 파헤친다. 그러고 나선 "나는 이런 이야기를 숨김없이 털어놓는 것을 조금도 부끄럽게 생각하지 않는다"고 당당히 말하였다. 부끄러움이 자신의 영혼과 삶을 갉아먹고 위축시키는 것이라면 이에 맞서는 것이 마땅하니, 세상 사람들 또한 그녀의 용기에 노벨문학상이라는 영예로 화답한 것이리라.

그런데 나는 불교에 입문한 이후로는 어느 때부턴가 자연스레 불교도들의 관점에 기울게 되었다. 부끄러움이란 인간 본연의 성질이라고 강요될 수는 없다 해도, 적극적으로 권장될 만한 미덕이라고 인정하게 된 것이다. 모든 불선한 마음은 특히 '부끄러움 없이[無慚愧]' 삶의 의지가 격렬하게 표출될 때 생긴다. 윤리적 인과법칙이 관철되는 윤회의 세계에서는 후안무치의 뻔뻔한 행위는 이번 생이나 다른 생에 그에 맞는 불쾌한 과보를 초래한다. 그래서 그런 불행을 미연에 방지하는 유익한 선법으로 부끄러움이 권장되는 것이다.

가령 『성유식론』 제6권에 따르면, 11개의 선한 심소들은 마치 수청주(水淸珠, 탁한 물을 맑히는 구슬)와 같아서 범부의 마음 안에서 오염된 것을 청정하게 하는 기능을 한다. 그 선한 심소 중 대표적인 것이 바로 '참'과 '괴'이다. 둘 다 자기 잘못을 부끄러워하는 감정이긴 하지만, 자기 잘못을 자각하는 계기는 다르다. 만약 현자와 선인의 숭고함 앞에서 스스로 부끄러움을 느꼈다면 '참' 심소가 일어난 것이다. 이런 부끄러움은 현자와 선인을 존중할 줄 아는 능력에 의거하고 있다. 한편, 세상에서 비난하는 난폭하고 악한 짓을 저지른 것에 부끄러움을 느꼈다면 '괴' 심소가 일어난 것이다. 이런 부끄러움은 난폭함과 악함을 거부할 수 있는 능력에 의거하고 있다. 부끄러움을 자각하게 된 계기는 달라도, 참과 괴는 모두 악행을 그치게 하는 유익한 효과를 낸다.

마지막으로 나의 입장을 지지해주는 듯한 경구 하나를 소개하고 싶다.

> 사람은 얼굴을 붉히는, 또는 그럴 필요가 있는
> 유일한 동물이다.

마크 트웨인의 이 말이 다시 나의 긍정적인 상상을 자극하였다. 이 환상의 세계에서 사람들은 단지 한 생각만으로도 죄악의 구렁에 빠지기도 하고 혹은 아침 이슬처럼 청량하고 순결한 행적을 남기기도 한다. 그런데 어떤 사람이 만천하에 자신의 추악함을 표출했더라도 그의 얼굴에 수줍은 듯한 붉은 홍조가 나타났다면, 그것이 그를 구원해낼지도 모른다. 자기에게 조만간 일어날 큰 불행을 예견하면서 그것을 피하고 싶다는 즉각적인 방어 기제가 작동하였기 때문이다. 그런 마술적 기제가 작동했음을 타인에게 알려주는 징표가 얼굴의 붉은 홍조다. 그것은 또한 그가 자신뿐만 아니라 타인들과도 어울리고 싶어 함을 알리는 신호이기도 하다. 그렇다면 사람들이 부끄러움을 자주 느낄수록 그만큼 조화로운 세상이 되지 않을까.

의심에 머물며

오랫동안 불교 문헌의 역주자이자 철학도로 살아온 나에게 조금 특별한 의미를 지니는 어떤 심리[心所]가 있다. 『성유식론』에서 모든 오염된 마음에 두루 있는 6가지(혹은 10가지) '근본번뇌' 중 하나로 분류하고 있는 '의심[疑]'이다. 여기서 '의심한다' 또는 '의혹한다'는 것은, 정확히 말하면 진리 앞에서 긴가민가하면서 머뭇거리는 것이다. 이러한 지적인 번뇌는 나에게 매우 특별한 의미가 있다.

　내가 처음 철학도의 길로 들어섰을 때 철학의 스승들은 '철학적 의심' 혹은 '철학적 회의'야말로 진리를 추구하는 이가 지녀야 할 기본 태도라고 가르쳤다. 옛 불교 논사들도 세속의 학문에선 오류 없는 절대적 진리란 존재하지 않음을 인정하기에, 모든 주장과 지식에 대해 일정 거리를 두고 관하면서 그 논리적 근거와 한계를 따진다. 이런 자발적 회의주의에 자주 머물다 보면, 가끔은 마치 진리가 아직 말해지지 않았거나 혹은 존재하지 않는 것처럼 생각되기도 한다.

그런데 불교의 옛 스승들이 모두 받아들이는 자명한 사실이 하나 있다. 바로 궁극적 진리의 세계가 석가모니라는 위대한 성자의 깨달음 속에서 이미 직접 알려졌다는 것이다. 우리의 사유로는 그 세계를 가늠할 수 없기에 성자가 거기에 이르는 길을 보여주었는데, 그것이 바로 불도(佛道)이다. 옛 스승들이 걸어간 길을 따라 걷는 사람이라면, 다음과 같은 말에도 깊이 공감할 것이다.

> 사람들은 진리를 발견하는 데는 매우 열심이지만, 일단 발견된 진리를 받아들이는 것은 매우 싫어한다. (…) 가장 위대한 철학자는 진리를 눈앞에 두고 물러서는 사람이 아니라, "예, 그대로 되어지이다" 하고 그 진리를 기꺼이 맞아들이는 사람이다.
> _에티엔 질송,『존재와 사유』중에서

이 중세철학 연구자가 존경해 마지않던 위대한 철학자

(토마스 아퀴나스)의 덕목은 이런 것이었다. 진리를 알아보는 총명한 지혜, 진리에 자신을 바치겠다는 비범한 열정과 헌신, 그리고 진리 앞에 머리 숙이는 겸손한 태도.

　나 또한 미륵의 후예들에게서 그런 모습을 본 듯하다. 그들은 모두 수도승이자 철학자였고, 특별히 논리학[因明]에 심취해 있었다. 자신들의 믿음으로부터 철학적 의심을 분리시켜 세상만사를 냉철하게 분석할 줄 알았고, 자기를 궁지로 모는 달갑지 않은 주장일지라도 '이치가 더 뛰어난 것이면 주저 없이 종지로 받아들였으며[理長爲宗]', 다시 또 신앙과 이성을 조화시키기 위해 마지막까지 최선의 노력을 기울였다. 그리고 그런 철학적 노고의 결과물을 옛 성현들 앞에 이렇게 헌정하였다. '저는 거룩한 교설[聖敎]의 의미를 이와 같은 바른 논리[正理]로 해석하였습니다.'

　그렇다면 불교도들은 자신의 이성으로 하여금 더 뛰어난 이해를 향해 나아가도록 길을 열어주는 철학적 회의, 즉 지적인 의심에 대해서는 어떻게 생각하고 있을까. 불교도들의 분류법에 따르면, 의심은 근본번뇌 중 하나로 간주된다. 그런데 『성유식론』 제6권을 뒤적이다 보니 마음을 따라다니는 여러 심리들 가운데, 본성이 다름에도 비슷한 듯해서 잘 속는 것이 있었다. 바로 불신(不信)이다. 일상을 영위하는 가운데 나도 종종 세상 사람들과 마찬가지로 의심과 불신을 거의 같은 의미로 쓰는 경우가 많다. 그러나 불교도라면 진리 앞에서 긴가민가하는 정신을 그 무엇도 믿지 못하는 부정적 심보와 혼동해서는 안 된다. 그 둘 간에는 다음과 같은 차이가 있다.

『성유식론』에서는 불신의 본성을 정의하면서 이렇게 말한다. "불신이란 마음을 더럽히는 것[心穢]이다." 불신 그 자체가 극히 더러운 오물처럼 혼탁한 심리라는 것이다. 그래서 마음에 불신을 품고 있으면 다른 마음까지도 혼탁해진다. 불신에 차 있으면 진실한 이치를 인정하지 않고, 선정이나 보시처럼 좋은 공덕과 공능을 지닌 법을 좋아하지도 바라지도 않는다. 선한 행위가 좋은 과보를 낸다는 인과의 도리를 믿지 않기 때문이다. 그래서 불신은 사견(邪見, 인과의 도리를 부정하는 것으로, 근본번뇌인 악견 중 하나)을 따라서 흘러나온 수번뇌(隨煩惱)로 간주된다.

다시 『성유식론』에서는 의심의 본성을 정의하면서 이렇게 말한다. "의심이란 모든 진리[諦理] 앞에서 주저하는 것[猶豫]이다." 여기서 주저한다는 것은, 가령 전방의 물체가 나무 그루터기인지 사람인지 의혹하는 따위를 말하는 것이 아니라, 심원한 사제(四諦, 고·집·멸·도)의 이치 등에 대해 확신 있게 판단하지 못하는 것을 말한다. 이처럼 진리 앞에서 망설이면서 확신하지 못하는 심리는 의심 없는 정견(正見)의 획득을 가로막는다는 점에서는 지적인 번뇌에 속한다고 할 수 있다. 그러나 확정적 판단을 주저하고 있는 한에서는 사건을 비롯한 어떤 나쁜 독단적 견해[惡見]에 빠지는 것도 아니다.

이상의 정의에 따르자면, 내가 철학적 의심 혹은 회의라고 여겼던 것은 불신보다는 의심에 가까운 것이다. 그런데 이 의심은 번뇌이기는 해도, 교법에 대한 명상 혹은 철학적 사색을 이끄는 동력이기도 하다. 철학적 의심 속에서 담금질되지 않은 지식은 언제라도 독단적 견해로 굳어질 수 있다. 그렇다면 의심 자체가 혜(慧, prajñā)의 한 형태라고 볼 수도 있지 않을까. 이와 관련해서 『성유식론』에서는 두 논사의 의미심장한 논쟁이 벌어진다.

첫 번째 논사에 따르면, 의심 그 자체는 혜에 속한다. 의심이란 '주저하면서 간택하는 것(猶豫簡擇, 확신 없는 분별)'이기 때문이다. 이것은 확정적 판단은 아니지만 일종의 판단이라는 점에서 '혜'의 한 형태라고 볼 수 있다. 이 논사는 그 논거로서 '주저한다(vimati)'라는 단어의 어원 분석을 제시한다. "(갖가지를 뜻하는 접두어) vi가 mati를 보조해서 '의심'을 뜻하는 말로 해석된 것이다. mati는 반야('혜'를 뜻함)와 의미상으로 차이가 없다." 이런 해석에 따르면, 다양한 해석의 가능성을 열어두고 있는 지혜의 한 형태가 바로 의심인 것이다.

두 번째 논사에 따르면, 의심은 '혜'와 별개이다. 그것은 혜의 확정적 판단에 장애가 되는 것이지 그 자체가 혜는 아니기 때문이다(앞의 논사의 어원 분석에 대해서도 논리적 허점을 지적하는데, 여기서는 생략하겠다).

친절하게도 옛 주석가들이 전자는 안혜 논사의 이설(異說)이고, 후자는 호법 논사의 정의(正義)라고 알려주었다. 그런데 정작 『성유식론』의 편역에 깊이 관여한 규기 스님은 별다른 주석을 남기지 않았다. 추측건대 그럴 필요가 없다고 느꼈던 것은 아닐까. 그러니까 '의심 자체는 혜와 다를 바 없다'고 하는 안혜의 주장이 논리적으로 미진하다고 비판할 수는 있어도 거기에 담긴 위대한 통찰까지 부정할 수는 없었으리라. 설사 자기가 부정해도, 언젠가 다른 누군가가 다시 말하게 될 수도 있기 때문이다.

세월이 많이 흘러 안혜의 이설에서 큰 영감을 받은 한 중국 스님이 그 해당 문구 밑에 인상적인 주석을 달았다. 그에 따르면, 안혜가 말하려 했던 취지는 이런 것이다.

크게 의심하면 크게 깨닫고, 조금 의심하면 조금 깨달으며,
의심하지 않으면 깨닫지도 않으리라.
大疑大悟, 小疑小悟, 不疑不悟也
_지욱(智旭), 『성유식론관심법요(成唯識論觀心法要)』

만약 의심 많은 인생을 살면서 무언가를 쉽게 받아들이

지 못하는 자신을 탓하고 있다면, 이 글이 그런 사람들에게 조금 위안이 되기를 바란다. 부처님이 깨달은 궁극의 진리는 한 인간의 단순함으로 깨우치기에는 너무 심원하다. 그렇다 해도 미륵의 후예라면 자신의 지식과 믿음을 철학적 의심 속에 담금질하면서 교법에 대한 사색을 이어갈 것이다. 그것은 일종의 정신적 연금술이라고나 할까. 그 안에서 지혜가 잉태되고 점차 무르익고 더욱 수승해진다면, 혹시 그 지혜의 힘으로 궁극의 보리에 이르게 될지 그 누가 알랴. 그래서 나 또한 거대한 철학적 의심에 머물면서, 언젠가 내가 누구이고 이 세상이 대체 어떤 것인지 깨닫게 되리라는 희망을 버리지 않는 것이다.

잠에 대한 예찬

나는 지금까지 마음을 자주 꿈에 비유하였지만, 정작 현실과 꿈의 경계를 허물어버리는 '잠'에 대해서는 깊이 생각해보지 않았다. 여기서 잠깐 그 잠이 연출하는 장엄한 장면을 상상해보자.

사람들은 해가 저물고 주위가 깜깜해지면 마치 지상의 신성한 권리를 누리려는 듯 침상에 누워 잠을 잔다. 또 많은 불면의 밤을 보낸 병사는 전장의 포탄이 빗발치는 와중에 잠들기도 한다. 잠든 자들은 대체로 걱정 없는 얼굴을 하고 겉보기엔 의식이 없는 것처럼 보인다. 어떤 시인은 이런 잠을 마치 '달콤한 안식' 같은 것이라 예찬하기도 했고, 어떤 문학가는

'작은 죽음의 조각들' 같다며 혐오하기도 하였다.

그렇다면 '잠'이란 대체 어떤 것으로 이해해야 할까. 질문을 던지기 전에는 아는 듯하였으나 질문하는 순간 모르게 되는 것 가운데 하나가 바로 잠이다. 그런 위험을 감수하면서, 기왕이면 잠을 예찬하는 글을 써봐야겠다고 생각했다. 나의 자유로운 상상이 어디까지 나아갈지 모르지만, 어쨌든 불교도들이 받드는 전통적 교리에서부터 시작하는 것이 좋겠다.

고전 작품 중에는 잠을 예찬하거나 긍정적으로 묘사하는 사례들이 많다. 그런 기대감으로 초기 불교 경전을 검색해보았다. 그러나 내가 은근히 기대했던 것, 말하자면 하릴없이 빈둥대거나 혹은 극도로 긴장하다가도 어느덧 찾아오는 평화로운 잠의 순간을 예찬하는 경문을 찾지는 못하였다.

잠의 공식 명칭은 수면(睡眠)이다. 경전 속 부처님은 대개 신체적 무기력함, 정신의 혼미함 등 수면의 여러 허물을 질타하였다. 특히 수면은 혼침(昏沈, 마음이 흐릿해지고 무겁게 가라앉은 상태)과 함께 짝지어 거론되는데, 그 둘이 무엇보다 명료한 관(觀)을 장애하기 때문이다. 다행이라면, 때에 맞게 밤에 적당히 자는 것은 괜찮다고 인정되고 있다. 생각해보면 부처님 입장에서는 인생의 삼 분의 일을 잠으로 허비하는 것도 모자라 수행 중에 졸다가 잠드는 제자들을 나무라지 않을 수 없었을 것이다. 어쨌든 '수면은 관을 장애한다'고 하는 관점은 후대의 『성유식론』으로 그대로 이어진다.

그런데 등잔 밑이 어둡다고나 할까. 내가 알고 있는 어떤 단순한 지식에서 예전에는 자각하지 못한 이상한 점을 발견하였다. 그것은 이런 것이다. 『성유식론』에서는 마음을 따라다니는 각종 심리 현상 가운데 선(善)·불선(不善)의 성질이 결정되지 않은 부정심소(不定心所)의 명단에 '잠(수면)'을 포함시켰다. 이상스럽게도 불교도들은 잠을 하나의 개별적 심소로 간주하였다. 쉽게 말해 '잠'이란 '즐거움'이나 '부끄러움'이나 '오만함' 등처럼 마음을 따라다니며, 그 마음을 청정하게 할 수도 있고 오염시킬 수도 있는 여러 심리 현상 중 하나라는 것이다.

잠의 심소가 일어나면 몸을 스스로 가누지 못하게 되고 마음은 극히 흐릿해진다. 마치 최면술사의 최면으로 심신이 부자유스럽게 되는 것처럼 말이다. 그런 점에서 '잠'은 심신의 무기력해진 상태를 가리킨다기보다, 그런 특수한 상태를 유발하는 마음속 정령과도 같다는 생각이 든다. 이 잠의 정령은 마음속 어딘가에 얌전히 대기하고 있다가 대개 어두운 밤이 되면 활동한다. 간혹 밝은 대낮에도 주술이나 피로, 병환 등의 영향으로 불려 나올 수도 있다. 우리는 저 잠의 정령이 어떻게 해서 우리 마음 안에 자리 잡게 되었는지, 어째서 매일 일정 시간 우리의 심신을 잠자는 상태로 묶어두는지는 알지 못한다. 다만, 잠의 본성을 완전히 알 수는 없다 해도 잠에 대한 흔한 오해를 자각함으로써 그것의 특징을 조금씩 알아갈 수는 있다.『성유식론』의 해석이 그런 자각을 일깨워줄 수 있을 것 같다. 우선, 잠의 정의를 소개해보겠다.

> 몸을 스스로 가누지 못하게 되고 (마음은) 흐릿해지고 대충만 헤아리는 것이 (잠의) 본성이다. (…) ①(감각의 문은 닫히고 의식의) 한쪽 문에서만 전전하기 때문이다. (…) ②무심(無心)의 상태에 놓일 때는 ('잠'이라는) 이름을 가짜로 붙인 것이다.
> _『성유식론』제7권

내가 보기에 잠을 '달콤한 안식'이라 예찬하는 사람이든 혹은 '작은 죽음의 조각들'이라고 혐오하는 사람이든, 그들이 무심코 전제하는 것이 있다. 잠이란 의식이 없는 상태이고, 꿈 없는 잠이야말로 진짜 잠이라는 사실이다.

그런데 미륵의 후예라면 그런 생각에 동의하지 않을 것이다. 저 잠의 정의에 따르자면, ①잠자는 상태에선 생생한 감각의 문은 닫히지만 오직 의식의 한쪽 문은 열린 채로 깜박깜박하면서 뭔가를 대충 헤아리게 된다. 그래서 마음이 매우 어둡고 흐릿해진다. 요컨대 잠자는 동안에도 감각은 정지되지만 의식은 작동하는 셈이다.

②그런데 만약 꿈 없는 깊은 잠에 빠졌다면, 의식마저 일시적으로 정지되는 경우가 있다. 이때는 그 중생의 마음이 무심(無心)의 상태가 되지만, 목석같은 몸은 여전히 존재한다. 마음이 소멸한 곳에는 마음을 따라다니는 잠의 정령도 있을 수 없다. 우리는 가령 무심한 바위나 돌 등에 대해 '잠잔다'고 하지 않는다. 마찬가지로 무심의 깊은 잠도 실은 잠자는 것이 아니다. 다만 잠자는 것과 유사하기에 '깊은 잠'이라는 은유적 표현을 부여했을 뿐이다. 그것은 마치 죽음을 '영원한 잠[永眠]'이라 표현하지만 진짜 잠은 아닌 것과 같다.

그러니까 우리는 의식이 있는 유심(有心)의 상태에서 실제로 잠자고 꿈꾼다. 설사 지난밤의 꿈을 기억하지 못한다 해도, 잠잔다는 것은 '꿈을 꾸는 상태'를 말한다. 미륵의 후예들에 따르면, 자면서 꿈꾸는 것과 깨어서 요별하는 것은 본질적으로 다르지 않다. 꿈속의 경계든 현실의 경계든, 모두 마음이 현현해낸 것이기 때문이다. 또 마음이 있는 자라면, 현실에서와 마찬가지로 꿈속에서도 업을 짓고 과보를 받게 될 것이다. 그렇긴 해도 꿈속의 일들이 현실과 전혀 차이가 없는 것은 아니다. 쇼펜하우어의 말을 빌리자면, 그것은 이런 것이리라.

실제의 삶과 꿈은 동일한 책 속의 서로 다른 책장에 불과하다. 그 책을 순서대로 읽는 것은 실제의 삶을 사는 것이고, 여기저기 건너뛰며 읽는 것은 꿈을 꾸는 것이다.

불법(佛法)의 광대한 바다에선 그보다 훨씬 대담한 주장도 찾아볼 수 있다. 먼 옛날 초기 불교의 한 대아라한은 점몽서(占夢書)에 기대어 이런 주장을 펼쳤다.

숙주통(宿住通, 전생의 일을 기억하는 신통력)의 힘으로 과거의 일을 모두 아는 자는, 과거의 꿈과 상응해서 실제로 어떤 일이 일어났는지를 모두 다 기억한다. 이를 근거로 삼아서, 미래의 꿈을 꾸게 될 때도 미래에 무슨 일이 벌어질지를 추론하여 다 예견한다.

_『대비바사론』 제37권

나아가 그 대아라한은 이런 의미심장한 말도 덧붙인다.

그런 신통력이 없이도 그보다 더 많은 무수한 경계를 아는 것이 있다. 그것이 바로 '꿈'이다.

마지막으로 저 현자들의 주장에 대해 나의 견해를 붙여보겠다. 우리는 깨어 있을 때 아주 오래전의 하찮은 일을 기억하긴 해도, 바로 몇 분 후 무슨 일이 벌어질지는 알지 못한다. 그러나 잠의 문을 거쳐 꿈속의 세계로 들어간 자라면 과거와 미래의 헤아릴 수 없는 많은 일들을 알 수도 있다. 다만, 그 일들이 반드시 과거·현재·미래의 순으로 일어나지는 않을 것이다. 꿈속에서는 미래의 일을 기억한다거나 과거의 일을 예언한다는 말도 가능하다. 또한 꿈속에서는 일련의 역사적 사건 혹은 자신의 고단한 인생을 모두 기억하거나 예견하고 있는지도 모른다.

어쩌면 사람들은 꿈을 통해 자기의 불행한 인생 혹은 불가피한 죽음과 조화하는 법을 익히고 있는 것은 아닐까. 만약 누군가 내게 어째서 사람들은 해가 저물고 깜깜해지면 다시 잠에 드는지 묻는다면, 그런 꿈을 꾸기 위해서라고 답할 것이다.

거울 속의 물고기
유식으로 철학하기

초판 1쇄 인쇄 2025년 9월 5일
초판 1쇄 발행 2025년 9월 15일

지은이   백진순
발행인   원명

대표   남배현
본부장   모지희
편집   손소전 김옥자 박병익
디자인   정면
경영지원   허선아

펴낸곳   모과나무
주소   서울시 종로구 삼봉로 81 두산위브파빌리온 1308호
전화   02-720-6107
전송   02-733-6708
이메일   jogyebooks@naver.com
등록   2006년 12월 18일 (제2009-000166호)
구입문의   불교전문서점 향전(www.jbbook.co.kr) 02-2031-2070

ISBN 979-11-87280-64-4 03220

모과나무는 (주)조계종출판사의 단행본 브랜드입니다.
지혜의 향기로 마음과 마음을 잇습니다.